U0613228

农民专业合作社
知识问答

黄映晖　吴欣玥　刘　洋 编

中国农业出版社

农村读物出版社

北　京

前　言

　　农民专业合作社是在农村家庭承包经营基础上，同类农产品的生产经营者或者同类农业生产经营服务的提供者、利用者，在自愿联合、民主管理基础上形成的互助性经济组织。自《中华人民共和国农民专业合作社法》实施以来，我国农民专业合作社覆盖面稳步扩大，数量逐年增加。截至 2017 年 7 月，全国农民合作社数量已达 193.3 万家，是 2007 年的 73.22 倍，实有入社农户超过 1 亿户，约占全国农户总数的 46.8％。农民专业合作社已成为重要的新型农业经营主体和现代农业建设的中坚力量。然而从现实发展情况看，个别地区农民专业合作社发展仍存在一些问题，如合作社发展不规范、运营管理不善、入社农户实际参与率低等，尤其是一些合作社负责人及相关农户缺少合作社相关知识，不熟悉合作社相关政策法规，不了解合作社经营管理方法，导致合作社经营效率不高。本书通过简单明了的问答形式，简要介绍农民专业合作社的基础知识、发展现状与趋势、政策与法规、经营与管理等方面内容，以向广大读者讲解关于合作社最基础和最实用的知识，便于生产实践中应用。

　　本书的编写和出版是在北京市农委"新型生产经营主体科技能力提升项目"的支持下完成的。编写过程中参考了许多前人的研究资料，作者尽可能详尽地列出并在参考文献中列示，在此对各位专家学者的贡献致以深深的谢意。限于编者水平所限，书中的错误和疏漏之处在所难免，衷心希望广大读者能够提出宝贵意见。

编　者

2019 年 12 月

目　　录

前言

第一章　农民专业合作社基础知识

1. 什么是农民专业合作社?

农民专业合作社是指在农村家庭承包经营基础上,同类农产品的生产经营者或者同类农业生产经营服务的提供者、利用者,在自愿联合、民主管理基础上形成的互助性经济组织。农民专业合作社以其成员为主要服务对象,提供农业生产资料的购买,农产品的销售、加工、运输、贮藏以及与农业生产经营有关的技术、信息等服务。

2. 什么是中国农村专业技术协会?

中国农村专业技术协会是在中国科学技术协会直接领导下的、由基层农村专业技术协会、农技协联合会和农村专业合作组织及全国从事农业、农村专业技术研究、科学普及、技术推广的科技工作者、科技致富带头人自愿组成,依法登记成立的非营利性科普社团,是全国各级农村专业技术协会联合会,是党和政府联系科技工作者和农民的桥梁和纽带。

3. 什么是农村信用社？

农村信用社是经中国银行保险监督管理委员会批准设立，由社员入股组成，实行社员民主管理，其表现为"三会"制度。"三会"具体指社员（代表）大会、理事会和监事会。主要为社区社员提供金融服务的农村合作金融机构。

4. 什么是供销合作社？

供销合作社的概念是基于合作社的概念之上发展出来的一种合作社形式。作为合作社的一种，是在产品供应和销售业务方面的合作社，其经营产品主要包括农业生产资料、农副产品和日用生活消费品，实现形式多为店铺式的商店。

5. 农民专业合作社的内涵是什么？

农民专业合作社的内涵并不唯一，部分专家学者认为农民专业合作社的内涵应该是"农民专业合作经济组织"，而中央1号文件对农民专业合作社的含义做了扩大解释，确定其称谓为"农民合作社"。本书采用的农民专业合作社的内涵，来源于《中华人民共和国农民专业合作社法》第二条的内容，即农民专业合作社的性质是具有互助性且由村民自愿组织起来的经济组织。该组织成立的基础是家庭承包经营制度，它同时拥有农产品生产经营者的身份，并承担为他人提供农业生产经营服务的职责。

6. 农民专业合作社有什么特点?

（1）合作社以农民为主体。

（2）合作社基于农户家庭经营基础上构建。

（3）合作社成员均是自愿联合。

（4）合作社内部实行民主管理和独立自治。

（5）合作社成员间相互协调、互助共赢。

（6）是具有法人资格、承担有限责任的非营利性经济组织。

7. 农民专业合作社制度有什么特征?

我国农民专业合作社制度有三个基本特征，分别是民主管理、自愿联合、自治管理。合作社是一种较为独特的农村经济组织，它的组建目的是为了向合作社成员提供交易相关的服务而存在的。合作社成员获得的服务质量与其是不是合作社股东没有直接关联。另外，获取盈利也并不是合作社的成立目的，合作社的经营收入在扣除公共积累的部分之后，会按照合作社成员通过合作社进行交易的数额进行分配。另一种分配模式是在按交易额分配的基础上，再进行按股分红。这两种分配方式以前者为主，此种分配制度也是合作社的基本特征。虽然合作社本身没有从交易中获取利益，但是它和其他主体进行交易时仍然将获取盈利作为最终目的。

案例

湖北宜昌市晓曦红柑橘专业合作社

——重视制度建设，实施规范化、专业化管理

晓曦红柑橘专业合作社深耕柑橘产业，围绕市场需求和产业发展规律，兴办了6家实体企业，延伸拓展了产业链条，推动合作社向柑橘全产业链方向发展。合作社打造的"晓曦红"商标获得"中国驰名商标"，制定的果品生产、加工标准成为地方行业标准，有力提升了合作社的市场占有率，带动了全省柑橘产品销售和出口创汇。

宜昌市晓曦红柑橘专业合作社成立于2006年8月，主营柑橘产业，创办了晓曦红果业公司等6家实体，形成了柑橘苗木、种植、销售、深加工的一二三产业融合发展格局，在标准化果园建设、品种结构优化调整、品牌创建、构建市场网络体系、带动橘农增收等方面发挥了重要作用。十多年来，合作社从最初的24个成员发展到拥有成员1525户，资产总额从最初2万元增长到8000余万元，全年总收入从最初的480万元增长到1.65亿元。合作社柑橘基地达1.7万亩①，联结橘农2万余户，辐射面积10万亩。2018年，合作社销售柑橘4.8万吨，其中出口柑橘1.22万吨，创汇1233万美元。合作社被评为"全国农民专业合作社示范社"，"晓曦红"商标获"中国驰名商标"。

---

① 1亩＝666.67平方米。

　　合作社根据自身发展实际，先后制定了 14 个规章制度，细分了 54 项运营管理工作程序，形成了"六个一体化"运营模式。一是产权管理一体化。合作社规定凡是入社成员必须缴纳一定的股金，2006 年成立时是 10 元/股，单个成员最多认购不超过 1 000 股；2014 年是 100 元/股，单个成员最多 1 000 股；2016 年是 200 元/股，单个成员最多 500 股。二是民主管理一体化。合作社内部"四会健全"（成员大会、成员代表大会、理事会、监事会）、"三公到位"（公平、公正、公开）、"两权分离"（执行权、监督权）、"社企合一"（合作社与实体企业），实行"理事牵头、代表牵线、分层管理、订单服务"的经营体制，用民主精神将合作社与实体及每一位成员串联起来。三是品牌建设一体化。合作社以提高果品质量为出发点，从基地建设、生产标准、品牌销售各环节统一"晓曦红"品牌创建。四是核算方式一体化。合作社在财务管理上采取统一核算，分层结算，责任兑现，盈余返还。设立成员账户，做到"一人一个账户，一人一份资产，每年分摊到户，年年盈余返还"。五是行业标准一体化。合作社严格规范产品生产管理的技术标准，2014 年，合作社制定的《晓曦红蜜橘生产技术规程》上升为湖北省地方标准，2018 年《晓曦红蜜橘采后商品化处理技术规程》成为湖北省采后加工行业标准。六是发展壮大一体化。合作社遵循"合作社＋实体＋农民＋基地"的发展模式，坚持三方发展方向一致，计划目标全面，利益关系协调，力求实现合作社、实体、成员三方共赢。

8. 农民专业合作社的功能有哪些?

（1）提高农民的市场竞争力和谈判地位，有效地增加了农民收入。

（2）实行标准化生产，保障农产品质量安全，提高农产品品质，增强了市场竞争力。

（3）带动农业结构战略性调整，推动形成了"一村一品"的产业格局。

（4）拓宽农业社会化服务渠道，提高农民素质，培养了高素质农民。

（5）便于农民更直接有效地享受国家对农业、农村和农民的扶持政策。

9. 农民专业合作社的作用有哪些?

（1）优化农村产业结构。

（2）丰富家庭承包经营制度。

（3）提高农业科技水平。

（4）增加农民收入。

（5）保护农民利益。

（6）提升农产品的市场竞争力。

10. 农民专业合作社的服务对象是什么?

按照《中华人民共和国农民专业合作社法》第二条的规

定，农民专业合作社以其成员为主要服务对象，其成员主要由享有农村土地承包经营权的农民组成。

11. 农民专业合作社的服务内容是什么？

农民专业合作社经营服务的内容具有专业性，为成员提供专业服务，可以开展包括农业生产资料的购买使用、农产品产加销、农村民间工艺、休闲农业和乡村旅游资源开发、与农业生产经营有关的技术信息等服务在内的一项或多项业务。

12. 农民专业合作社如何提供农资服务？

（1）合作社可以根据各自情况收取一定的手续费或者管理费。

（2）合作社可采取两种农资供应方式：成员预定后由合作社统一购买；合作社购买农资后再卖给成员。

（3）合作形式可以采取签订正式的契约。

（4）结算方式可以采取每笔结算或定期结算。

📚 案例

浙农集团的两个合作社

——"县级运营中心＋村级服务站＋农户"的农资服务模式

浙农集团在嘉兴桐乡、金华婺城参与的两个粮食合作社，都实现从农资供应到田间服务、农户培训的全套服务，通过"县级运营中心＋村级服务站＋农户"的一整套运作模式，帮助农民实现代买、代卖，提供便民服务，让农民真正享受到电子商务所带来的便捷和实惠。

（1）对手机、电脑等终端的用户进行个性化服务定制。及时提供全程作物解决方案，并且进行个性化定制农技服务。这样不仅可以帮助农户快捷高效地解决问题，还可以供厂家在产品推广时使用，帮他们省去很多技术服务的成本。

（2）进行精准营销。在网站上为农资企业开设商铺，同时在商铺上链接企业专家，农户对产品有任何疑问可以直接向这些专家提问，达到精准营销的目的。

（3）搭建信息平台，提供农业相关资讯。在互联网平台上，为用户及时提供和解读农业相关的政策、新闻等，对于农户来说，要加强信息解读的比重。

13. 农民专业合作社如何组织销售成员产品？

解决农产品销售难问题是许多合作社成立的初衷，产品销售是许多合作社的最主要功能。

（1）合作社组织销售成员产品的方式。

① 代销。成员把产品交给合作社，合作社把产品统一售出后再向成员付费。

② 买断。成员把产品出售给合作社，合作社立即支付费用。

③ 中介。合作社为成员提供销售信息，仅起到中介作用，

成员直接向收购商出售产品。

在定价方式上，合作社可以根据自身情况采取最低价收购的方式，也可以随行就市。

（2）销售队伍建设。在销售队伍建设上，应该按照分类指导、分级负责的原则，制定培训规划，采取学历教育、远程教育和短期进修等多种形式，重点培养合作社市场营销人才，建立一支合作社专业市场营销队伍。

📚案例

皖南竹乡土特产产销专业合作社
——解决产品销售难问题

皖南竹乡土特产产销专业合作社成立于 2008 年 12 月，现有成员 310 户，带动农户近千户，总资产 1 000 多万元，主要从事生态土鸡养殖。合作社对成员实行"五统一"经营服务，即统一供应苗种，统一供应饲料和药品，统一生产技术出栏标准和免疫程序，统一注册商标和申报有机产品，统一产品加工销售。合作社主要为农户提供饲料和收购（代销）土鸡，在销售方面采取让利于农、薄利多销的做法，成立购销代理中心，有效解决了合作社产品的销售问题。

14. 农民专业合作社的分类有哪些？

（1）根据依托对象的不同分类。

① 政府依托型。此类专业合作社是政府依据自己的行政力量在其所辖区域内先搭起专业合作社的架子，然后再吸收一些专业大户为理事，自上而下组建。

② 供销社依托型。此类专业合作社是通过依托供销社的人员、结构、固定资产或设施而组建起来的。

③ 社区组织依托型。此类专业合作社是依托村或乡（镇）社区组织而组建的，以社区组织的人力、物力为后盾，具有一定的区域性。

④ 实体依托型。此类专业合作社是依托某一实体组建的。

⑤ 能人依托型。此类专业合作社是由专业能手或专业大户组建的。

（2）根据发起方式的不同分类。

① 内生型。此类专业合作社是由从事专业生产的农民个人为解决技术、购销等分户经营难以解决的问题而自发联合产生的，如能人带动发起型。

② 外生型。此类专业合作社是有关单位或组织为了有效行使自己的职责或出于自身的利益需要而与农民联合组建的，如政府带头型、集体经济组织带动型、龙头企业带动型、事业单位带动型等。

（3）根据所从事行业领域的不同分类。

① 生产型。此类专业合作社的主要业务是在生产领域，主要是由生产型企业或组织联合发展起来的。

② 销售型。此类专业合作社主要从事销售领域的经济业务，由销售型组织或个人组建。

③ 综合型。此类专业合作社主要从事农业生产过程中的

产、供、销以及种养、加工、销售各个生产经营环节，是由各类型企业、组织、个人组成。

15. 农民专业合作社能给农民带来什么好处?

（1）降低成本。

（2）提升农民市场谈判地位。

（3）降低交易费用。

（4）易获得政府的支持。

（5）降低农户家庭经营的风险。

（6）提高农民素质。

（7）提高农户家庭生产经营效率，增加收入。

（8）反映农民意愿。

16. 发展农民专业合作社有什么意义?

（1）全面繁荣农村经济、促进农民收入增长的重要举措。

（2）提高农民组织化程度、增强农民市场竞争能力的基本手段。

（3）创新农村经营体制、完善农业社会化服务体系的内在要求。

（4）发展现代农业、提升农业整体素质和综合效益的有效途径。

17. 农民专业合作社有哪些经营模式?

(1)"生产在家,服务在社"型合作社。这也是农民专业合作社法定义的合作社一般模式。合作社作为一种服务组织存在,为入社的农户提供统一服务,比如提供统一的种子、化肥、农机作业、加工、销售等服务,入社农户需要缴纳一定的入社股金或者入社费,享受合作社提供的各种服务。

这种类型的合作社需要具备较强的服务能力,有专业的业务运营团队。但是这种合作社一般比较松散,社员与合作社的关系也不紧密。

(2)土地托管型合作社。土地托管型合作社也被称为"土地托儿所"。农民将土地"托管"给合作社,合作社从种到收全程"托管"服务,按亩收取服务费,所得收成全部归农民所有。

土地托管很好地解决了平原地区农民外出打工后无人种地的需求,合作社利用机械化和规模化经营,通过统一集中采购农资降低生产成本,避免了假农资坑农害农,自己赚取服务费和服务成本之间的差额。

(3)股份制合作社。目前存在的股份制合作社包含土地股份合作社、经济股份合作社等多种类型。股份制合作社是一种更高形式的合作模式,到年底扣除经营成本和提取公积金公益金之后,给所有入股的农民分红。

农民可以将土地折成股份入股到合作社,合作社通过统一

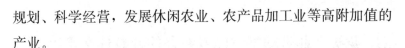

规划、科学经营，发展休闲农业、农产品加工业等高附加值的产业。

（4）其他类型合作社。还有资金互助社、合作社联合社等多种经营模式，形式多种多样，但是"入社自愿，退社自由，民主管理"的基本原则是不会变的。

18. 农民专业合作社的发起方式有哪些？

农民专业合作社的发起方式包括：政府牵头型、龙头企业带动型、集体经济组织带动型、能人带动型和事业单位带动型等。

19. 什么是政府牵头型农民专业合作社？

政府牵头型农民专业合作社，是指政府在其所辖范围内先搭建起合作社的框架，而后再吸聚一批农民专业大户为理事，进而带动合作社的发展。

20. 什么是龙头企业带动型农民专业合作社？

龙头企业带动型农民专业合作社，是指合作社由企业来带动，这类企业往往是农产品加工企业和农产品营销企业。龙头企业带动型农民专业合作社是一种"公司＋合作社＋农户"的组织模式。

21. 龙头企业带动型农民专业合作社有什么优势?

（1）企业与农户形成一种互补关系，双方互相影响，互为盈利。合作社通过与龙头企业签订供销协议为社员建立稳定的销售渠道。

（2）公司对市场的快速反应能力，能及时通过合作社影响到农民，并促使农民调整生产。

（3）合作社可以多借鉴公司规范化的操作流程，以尽量减少不必要的机会成本。

22. 什么是集体经济组织带动型农民专业合作社?

在我国，集体经济组织是以社会主义公有制为基础，以土地为基本生产资料组建起来的经济组织。集体经济组织带动型农民专业合作社是一种"集体经济组织＋合作社＋农民"的组织模式。集体经济组织在我国已经有很好的群众基础，比如农产品供销社、农村社区经济组织等。

23. 集体经济组织带动型农民专业合作社有什么优势?

（1）集体经济组织的管理人员主要是当地的农民，他们对当地的生产力水平与农户个体情况了解较多，便于组织农民加入合作社。

（2）集体经济组织原先已经汇集了农民的一些生产工具，

物质基础有保障。

（3）集体经济组织在我国已有较长的历史，农民相对容易接受。

24. 什么是能人带动型农民专业合作社？

能人带动型合作社，就是指由农民生产经营大户、农民种植专家等有较强经营生产能力的人牵头成立的农民专业合作社。

25. 能人带动型农民专业合作社有什么优势？

（1）这些能人对市场动态的关注度较高，能先于普通农民及时准确地把握市场信息并做出应对之策。

（2）能人的文化程度较高、管理能力较强，能够适应合作社发展的需要。

（3）能人的个人资产往往较多，不仅能满足合作社注册资金的要求，而且能够为合作社提供一个良好的声誉保证，以吸引更多的农民参与。

26. 什么是事业单位带动型农民专业合作社？

依据《农民专业合作社法》的规定，事业单位有组建农民专业合作社的权利。这些事业单位主要是一些涉农单位，包括农技推广部门、农业科研院所等。

27. 事业单位带动型农民专业合作社有什么优势？

（1）涉农事业单位长期与农村接触，了解农村、农业、农民的发展现状，加之他们自身有很多增产增收的新技术，由他们牵头筹建合作社，可以便捷快速地将那些新技术转变为现实生产力。

（2）涉农事业单位往往有较多的固定资产，可为合作社的发展打下坚实基础。

28. 如何选择农民专业合作社的发起方式？

农民专业合作社的5种发起模式各有千秋、各具特色，它们到底适应哪些地区，要针对各地不同的经济社会环境来做出选择。总体来讲，我国的中西部地区经济发展较为落后，农民素质偏低，观念更新较慢，选择集体经济组织带动型的合作社较为适合；而东部地区经济较为发达，农民综合素质较高，能人带动型的合作社有广阔的发展前景。

29. 农民专业合作社与合伙制企业有什么区别？

农民专业合作社与合伙制企业在成员构成、财产性质、法律人格和责任形式等方面均有不同。

（1）成员构成不同。除了具有管理公共事务职能的企业、事业单位和社会团体外，从事农业生产、加工、流通、仓储等的农民，具有民事行为能力，都可成为农民专业合作社的成员。普通合伙企业只要求两个以上的自然人组成，有限合伙企业由 2～50 个合伙人组成，国有独资公司、国有企业、上市公司和公益性事业单位、社会团体不能成为普通合伙人。

（2）成员在组织中的作用不同。农民专业合作社不因某成员的加入、退出而影响组织的存亡。合伙制企业的存亡则取决于任何一个合伙人的去留。

（3）承担债务的责任形式不同。农民专业合作社有独立的法人财产，成员仅以其出资额为限对合作社债务承担有限责任，即使资不抵债，债务清偿也不涉及成员个人财产。合伙制企业财产性质由合伙协议约定，合伙人财产为合伙人统一管理和使用，不经其他合伙人同意，任何一个合伙人不得将合伙财产移为他用。这种财产性质，决定了合伙企业的自然人性质和普通合伙人对企业债务承担无限连带责任的责任形式。

（4）盈余分配方式不同。农民专业合作社中的盈余分配主要按惠顾额返还。合伙企业是按合伙协议约定，无约定按出资比例分配，无法确定出资比例的由合伙人平均分配。

（5）经营方式不同。农民专业合作社有法人代表，负责合作社的经营管理。合伙企业的经营活动由合伙人共同决定，合伙人有执行和监督的权利。

30. 农民专业合作社与公司制企业有什么区别？

农民专业合作社与公司制企业的主要区别是，劳动与资本在组织中的地位和权利不同。

（1）投票权和收益分配的依据不同。合作社中，社员拥有一人一票的权利，盈余分配的主要依据是社员的惠顾额，资本报酬适度。公司制企业中，股东地位以出资额为依据，股东按投入公司的资本额享有资产收益、重大决策和选择管理者等权利，每一股份有一个表决权。

（2）组织方式不同。合作社的所有者、经营者、成员惠顾者是同一的，三者不分离。公司制企业的所有者与经营者是分离的，所有者对经营者的权力控制，需要严格的公司治理结构来解决。

（3）价值取向不同。合作社对成员不以营利为目的，对外营利也是为了成员的利益。公司以谋求资本利润最大化为目的。

（4）合作社的"退社自由"原则与公司制企业不同。合作社成员可以退社，但出资额不转让。公司制企业的股东在公司登记后，不得抽回出资但可以转让。

（5）在注册登记条件、内部治理结构等方面，公司制企业比合作社严格、复杂。

31. 农民专业合作社与社区性集体经济组织有什么区别?

农民专业合作社与社区集体经济组织在产权关系、治理结构、分配制度等方面有明显的区别。

（1）财产关系不同。社区集体经济组织的财产关系是单一的集体所有制，这种集体财产是"共同共有"还是"按份共有"，农村改革以后，一些地方对社区集体经济组织财产关系的改革仍在探索。农民专业合作社的财产关系从一开始就是清晰的，社员的出资及增值收益始终是社员个人的权益。如果合作社破产或解散，社员享有的财产份额仍然可以退还。

（2）治理机制不同。社区集体经济组织的内部治理机制不民主。农民专业合作社是"民主控制"，控制程序也是民主的，内部治理机制是通过法律和章程规定的。

（3）分配方式不同。社区集体经济组织的分配重视劳动过程。农民专业合作社的分配重视劳动结果，体现了多劳多得。

32. 专业合作社与社会团体有什么区别?

农民专业合作社与社会团体的根本区别是能否从事营利性活动。前者可从事经营性活动，后者收取费用受到限制且不得在会员中分配。实践中，有些社会团体在从事业务活动中也收取一定费用，但在民法理论上不视作营利。民法理论的营利，是指从事经营活动并将所获得的利益分配给成员。法人营利而未为其成员营利，不视作营利活动。目前，农村中大量存在的农村专业技术协会（以下简称农技协），是社团性质的组织，为农民提供了大量科技服务，发挥了很好的作用，一些农民专业合作社的前身就是农技协。

第二章 我国农民专业合作社 发展现状及趋势

1. 农民专业合作社的发展背景是什么?

改革开放以后,我国实行了农村家庭联产承包经营责任制,确立了农户的市场主体地位。随着农村商品经济的发展和市场化进程的推进,家庭经营的缺陷逐渐显露出来,集中表现为传统小农生产与现代大市场经营的矛盾,即"小农户与大市场"的矛盾。为了实现千家万户小生产与千变万化大市场的有效对接,不断提高农民进入市场的组织化程度,农户选择联合起来发展合作社,合作社的发展进入新的发展时期。

2. 农民专业合作社的发展历程怎样?

中国农民专业合作社的发展历程,可分为四个阶段:

(1) 始发阶段 (20 世纪 70 年代末期到 90 年代初期)。阶段特征:农村家庭联产承包经营制度全面推行;人民公社的解体,统购统销制度取消;以计划经济体制和集体经济制度为基础的农村科研推广体系、农村金融服务体系等与分散的农村家

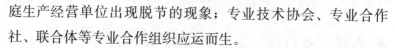

庭生产经营单位出现脱节的现象；专业技术协会、专业合作社、联合体等专业合作组织应运而生。

（2）成长阶段（20世纪90年代中期至90年代末）。阶段特征：农村专业合作组织出现了范围扩大、业务拓展、功能增强的发展势头。1994年初，国务院明确农业部作为指导和扶持农民专业合作组织的行政主管部门，农业部完成了《农民专业合作组织示范章程》的起草工作；农业产业化经营趋势加强，"公司＋专业合作组织＋农户"逐步成为农业产业化经营的主要模式。

（3）深化和加速阶段（20世纪90年代末期至2007年）。阶段特征：《农业法》（2003年）实施，农民专业合作组织进入加速发展阶段。《农业法》规定农民专业合作组织为农业生产经营组织，强调"农民专业合作组织应当坚持为社员服务的宗旨，按照加入自愿、退出自由、民主管理、盈余返还的原则，依法在其章程规定的范围内开展农业生产、经营和服务活动"。

（4）发展转型阶段（2007年至今）。阶段特征：2006年10月31日，《中华人民共和国农民专业合作社法》颁布并于2007年7月1日起正式实施，规范了合作社的发展；2013年中央1号文件提出了"农民合作"这一崭新的概念，并指出："农民合作社是带动农户进入市场的基本主体，是发展农村集体经济的新型实体，是创新农村社会管理的有效载体……鼓励农民兴办专业合作和股份合作等多元化、多类型合作社"。

3. 农民专业合作社发展现状如何?

(1) 农民专业合作社发展迅速。截至 2018 年 2 月底,我国在工商总局依法注册并备案的农民专业合作社总数达到 204.4 万家,是 2014 年的 2 倍,实际入社农户 11 760 万户,占全国农户总数比例约为 48.2%。随着经营业务扩张和规模的扩大,合作社正逐渐向一二三产业领域开拓延伸,并不断加强与供销、信用合作社平台在经营业务和资金供求等方面的密切联系与合作,以多种业务兼顾取代传统的单一业务。2018年,全国已有超过半数的合作社具备开展产加销一体化服务的能力,服务总值达到了 11 042 亿元。

(2) 提供多元化经营服务。截至 2018 年 2 月,我国已登记注册的农民专业合作社的经营服务领域涵盖了产销一体化、加工、仓储和购买服务,这些服务项目可以覆盖农业生产到销售的各个环节。伴随着合作社业务和规模的发展壮大,越来越多的合作社有能力将生产和销售结合为一体,这也将是我国农民专业合作社未来提供综合化服务的一大趋势。

(3) 示范社数量逐年递增。根据农业农村部统计数据,2018 年我国国家级示范社数量达到了 1 398 家,省级示范社1 120 家,并且仍然有增长趋势。近几年在国家政策的大力支持下,每一年都有一大批实力较强、规模较大的合作社被评为示范社,这不仅对合作社本身是一种肯定和激励,也给其他同类型合作社提供了生产经营等方面的借鉴和参考。

（4）对农户的带动作用不断增强。2015—2018 年，我国农民专业合作社成员数量呈平稳增加趋势，合作社带动了越来越多的农户成员，截至 2018 年 2 月，我国农民专业合作社成员数量突破了 11 760 万户，平均每个合作社带动了 57 户农户成员。

4. 农民专业合作社发展过程中存在哪些问题？

（1）大部分合作社依托血缘和地缘关系成立，核心成员掌握了合作社的控制权和剩余索取权。

（2）农民专业合作社组织管理不规范，制度建设尚不健全。

（3）合作社获得正规金融贷款的可能性较低，融资体制尚不健全。

（4）农民专业合作社财务管理不规范，业务水平较低。

（5）农民专业合作社参与土地流转的积极性不高，土地流转方式单一。

（6）农民专业合作社的农产品销售水平不高，缺乏品牌意识。

（7）农民专业合作社成员文化水平较低，缺乏引进人才机制。

5. 农民专业合作社的融资现状如何？

（1）资金缺口偏大。绝大多数的农民专业合作社都会有较大的融资需求，资金用途以购买原材料、对农产品进行运输、保存、再处理和销售环节的相关费用，以及农业生产工具的保养和维护等为主。然而农户往往受到自身或外部条件的制约，无法顺利或者足额获得融资。

（2）面临内外部融资的"双重困境"。在合作社外部融资方面，金融机构在收到合作社的贷款申请时，会充分审核申请人的资格条件，面对金融机构贷款的高门槛严要求，农民专业合作社无法获得贷款或者贷款需求无法得到全部满足。在合作社内部融资方面，农民专业合作社主要通过资金大户垫付、熟人关系借款以及社员内部集资，这种融资途径存在资金来源不稳定、不具有持续性以及过于依赖人际关系等缺陷。

（3）与金融机构缺乏密切联系。我国广大农民主体由于自身条件限制，绝大多数农民文化程度较低，导致了农民在当今知识型社会处于天然弱势的地位。农民专业合作社在寻求金融机构的外部融资时，经常需要了解相关政策和贷款合同，这对于农户来说无疑是难上加难。另外，由于农户的生产工作与金融机构所处行业跨度比较大，农户往往不会主动去保持联系。

6. 农民专业合作社融资面临什么样的问题?

（1）融资渠道匮乏。

（2）抵押物资产规模小。

（3）合作社信用评级偏低。

（4）贷款手续复杂。

7. 农民专业合作社有哪些可借鉴的经验?

（1）鼓励多元发展，减少政府干预。

（2）加强培训教育，培养经营人才。

（3）以强带弱，发展农民专业合作社。

（4）提高农民自身思想意识，加强培训，建立高素质人才队伍。

（5）强化合作社内部管理，规范运作。

（6）加快农村合作社立法。

（7）政府加强对农村合作社的扶持。

8. 我国农民专业合作社的发展趋势如何?

（1）筹资渠道要多元化。

（2）服务的细分化。

（3）合作社的大型化和综合化。

（4）经营管理的企业化。

（5）多要素合作趋势非常明显。

（6）品牌化趋势。

（7）强调民主选举、民主决策、民主管理。

（8）健全组织机构。

9. 我国农民专业合作社的发展方向是什么?

(1) 农民专业合作社联合组织将进一步发展。

(2) 农村资金互助合作受到重视,农民信贷合作的发展将有所突破。

(3) 农民专业合作社功能日渐完善,作用更加凸显。

(4) 发展层次和规范程度将明显提高。

(5) 合作社之间将越来越多地实行联合与合并。

第三章　国外农民专业合作社
发展现状及借鉴

1. 国外农民专业合作社发展特点有哪些?

（1）合作社的数量大、种类多，几乎涵盖了农村、农民和农业的生产、销售、生活、公共物品供应等各个方面。

（2）农民与合作社的联系密切，合作社成为农民最主要的组织和经营渠道。

（3）合作社在农业发展中所起的作用大，合作社成为农产品销售的重要渠道。

（4）体系完整，组织严密，运行民主。

2. 国外农民专业合作社的发展模式有哪些?

国外农民专业合作社的发展已有170多年的历史。1844年，在英国兰开夏的小镇罗虚代尔诞生了世界上第一个真正意义上的合作社组织——罗虚代尔公平先锋消费合作社。1895年第一个非官方的合作经济国际组织"国际合作社联盟"成立，并提出了著名的"罗虚代尔原则"，这个原则以后成为各国合作社原则的范本，此后合作社在世界各地不断发展壮大。

纵观国外的农民合作社，由于各国国情和农业发展道路的不同，因而合作社的发展模式也有很大区别，总结起来，主要有3种模式：欧洲模式、日韩模式、美加模式。

3. 什么是欧洲模式？

欧洲模式主要以德国、荷兰、法国为代表。这些国家的农村合作社以专业合作社为主，其特点是专业性强，大多是根据某一产品或某一项农业功能或任务成立一种合作社，前者如牛奶合作社、小麦合作社，后者如收割合作社、销售合作社等。合作社一般规模比较大，本身就是经济实体。为了形成规模优势，合作社涉及农业产、供、销、信贷、保险和社会服务等各个环节，不仅大多数农户和农业企业进入了不同类型的合作社，许多城镇居民也加入了合作社，形成了比较完整的合作社体系。由于欧洲的合作社除了由农户提交股金，有的还吸收一部分政府的财政补贴，因此，合作社与政府的关系比较密切，农业合作社成为联接农民与市场和政府的纽带和中间组织。政府对农村合作经济组织有多方面的政策扶持，有力地推动了农村合作经济组织的不断创新与发展。

案例

"丹麦皇冠"屠宰合作社

在丹麦人创造的农业奇迹中，最令他们自豪的是被世人公认为"养猪王国"，是世界上人均生产猪肉最多的国家，屠宰合作社也在丹麦发挥着重要作用。目前，丹麦96.3％的生猪屠宰及加工产品都是由合作社完成的。2001年底，丹麦最大的两家生猪屠宰场的合并，几乎垄断了丹麦生猪业及加工品市场。合并后的"丹麦皇冠"屠宰合作社不仅成为丹麦，也是欧洲最大的屠宰联合体。

"丹麦皇冠"屠宰合作社规定，社员必须把自己的全部产品卖到合作社，合作社有义务收购社员生产的产品，进行加工、销售，但坚持市场定价，不为社员承担风险。以社员为基础的、开放的内部组织结构。虽然合作社重大事务的最终决策权是社员，但社员与雇员有很多利益共同点，而且雇员在经营管理上有专长，让雇员进入权力机构，可以最大限度地调动他们的积极性，共同办好合作社。

在丹麦，加入屠宰合作社不需要交纳股金，任何人，只要拥有生猪产品合作社的交易合同，都可以成为合作社的成员。从向合作社交售产品开始就成为合作社的成员，并拥有股份。社员占有股份的多少，取决于向合作社交售产品的数量。社员股份可以分红，但不能出售和转让。

作为一个集屠宰、加工为一体的国际化公司，"丹麦皇冠"合作社还有自己的运输部门，与丹麦及欧洲大运输公司有着紧密的合作关系，通过精确和高效率的仓储运输，及时保证客户需要。从种猪到繁育、饲养、屠宰、检验、检疫等各方面为养猪社员提供系列化服务，由于合作社提供了良好的系列化服务，在与私营企业的竞争上占据了优势，逐渐形成了合作社主导生猪屠宰市场的格局。

4. 什么是日韩模式?

日韩模式主要以日本、韩国、以色列、泰国、印度等国家为代表，以综合性合作社为主。日本的合作社称为"日本农业协同组合"，简称农协，是一个全国性的合作社组织。综合性合作社的功能涵盖生产、销售等多种业务。日本的农村供销基本上是由农协控制的。农协有比较完善的流通体系，农协供给农民的生产资料占农户总购销量的74％左右，有的品种更多一些。农户通过农协销售的农产品达到了农民年销售量的90％以上。日韩模式之所以以综合模式为主，其原因在于日本、韩国的农业规模小，这些合作社实质上是半官半民的组织，它们完全是在政策的支持下建立起来的，与政府的关系非常密切，协助政府推行农村基本经济政策，就成了农协的责任和义务。

案例

印度阿牟尔牛奶合作社

奶产品是印度城乡居民重要的蛋白质来源，也是饮食文化不可或缺的组成部分。阿牟尔在印度创造了以合作社组织网络发展奶业的模式。其发展模式在印度也得到了广泛推广。

1973年，印度奶产品市场竞争日益激烈，社员们逐步认识到，搞好销售、做好市场是合作社成功的关键，于是成立了古吉拉特牛奶销售合作社联盟，专门负责合作社产品的销售。至此阿牟尔形成了完整的奶产销三级合作社网络，即村一级建立奶业合作社，负责牛奶的生产；奶业合作社联系起来在区县一级建立牛奶生产者合作联合会，主要负责牛奶的收购和加工；牛奶生产者合作联合会再联合起来在邦州一级成立奶业联盟，即古吉拉特牛奶销售合作社联盟，主要负责牛奶的销售。这就是著名的"亚兰德模式"。该模式保证了各级奶业合作社之间建立分工协作，统一协调的机制，最大限度地避免了内部竞争，形成了竞争合力和优势。

5. 什么是美加模式?

　　美加模式主要指美国、加拿大、巴西的大农场、大农业基础上的跨区域合作社模式。这类合作社的主要特点是跨区域联合与协作，以共同销售为主，生产性的合作社非常少。一般一个专业合作社只经营一种产品，但体现了对该产品的深度开发，这种开发不仅包括销售，而且包括运输、储藏，尤其是进行初次加工和深加工方面，最终形成自己的品牌，充分体现了大农业的产业化、现代化的特点。

案例

全球最大的柑橘供应商：新奇士合作社

新奇士合作社每年销售水果约8 000万箱，是美国十大供销合作社之一，也是世界上最大的水果蔬菜类合作社。新奇士为树立品牌，把质量和服务放在首位。他们的主要职责就是，对内把好质量关，对外为果农开发市场，大力促销。新奇士对每一棵果树的成熟期都有精确的电脑统计，因此对不同时期的水果产量都有准确估计。各种水果根据质量不同分成不同档次，每个档次都有统一价格，避免了成员间的恶性竞争。新奇士水果 70％在美国和加拿大销售，30％出口到其他国家和地区。国内合作社根据订单要求，协助果农出口。通常情况下，从接到订单到装箱只要两三天。为树立良好的品牌形象，合作社积极投放广告，并参与各种社会活动以提高产品的知名度。他们每年参加当地的玫瑰花车游行，把水果放在花车上展示，赞助美国著名的橄榄球冠军锦标赛，向青少年球队捐赠水果等。在新奇士的网站上还有"柠檬小姐"专栏，介绍各种用柑橘、柠檬做的好吃的食品。目前，新奇士商标价值在全世界排名第 47 位。据估算，该品牌的无形资产高达 10 亿美元。

6. 国外农民专业合作社有哪些组织形式？

近 20 年以来，占主流地位的合作社形式在全球化、网络科技及信息知识经济等趋势推动下，不断受到新的市场挑战和新的投资机遇侵蚀，促使传统农业合作社模式向新一代合作社的转型，并呈现出多种组织治理模式：传统模式、参与股份型合作社、附属型合作社、交易股份型合作社。

7. 传统模式有什么特点?

这一模式的特点如下：所有权为合作社共同所有，具有很大的公有性质，并且新成员可以自由加入；合作社创办的企业归合作社集体所有，个人常常没有所有权，即使有也会在集体的控制之下；入社自由，且个人对合作社财物没有私属的所有权，意味着合作社成员无法或者难以将其在合作社中获得的物品（或其成员权利）用于交易；一人一票制，每个成员在组织中的治理权（或决策权）是均等的，无论其为合作社贡献多少产品；合作社由全体成员共同控制和管理；外来参与者无法影响合作社的组织运转；即便某些合作社给予成员一定的个人股权，该股权也是均等的，并且在统一的规则管控之下；合作社利润不会以投资回报的形式返给成员，而是以返还赞助款的形式还给成员；一般会限制以增值为目的的商业活动，其活动保持在较低的利润水平。

8. 参与股份型合作社有什么特点?

参与股份型合作社与传统型合作社相比有以下特点：非成员的合作社参与者可以通过投资来换取一定的股权，可以据此分享合作社的收益，但合作社会限定股权的持有人群，一般限于合作社雇佣的人、本地居民或具有业务往来的合作社；投资者分享的权利是属于个人的；合作社股权可转让，因而具有增值效应；投资者可以参加董事大会并参与投票；大部分投票权在合作社成员手中，也就是说合作社不受外来者控制；如果合作社盈利，那么投资者将获得资本收益，收益额按约定的比率（或利润率）获得。

9. 附属型合作社有什么特点？

一个传统的合作社可能会将其一部分业务分割出来，交给附属机构（或子公司）来运作，该机构由合作社与外来参与者共同所有，即附属型合作社。它具有如下特点：由合作社总部决定是让外来投资者自由进入，还是让其有限参与；外来投资者的股份归私人所有；投资者股权可以增值；外来投资者可参加董事会并有权投票；合作社持有主要的投票权；根据股权份额，利润在合作社与外来投资者之间分配。在附属型合作社组织模式中，外来投资者的投资份额相对较大，商业投资价值更大，是比前两种模式更市场化、更高效的管理经营模式。

10. 交易股份型合作社有什么特点？

配额交易股份型合作社模式是美国"新一代合作社"的主体形式，因其合作社的成员按照成员与合作社之间的合约进行配额交易，成员同时也是合作社的投资者（股东）和受益人。其组织特点如下：合作社不能自由加入或退出，只有购买了可转让的股权才能成为合作社成员，因而成员权力是有限的；合作社股权可自由交易，是属于个人的、可增值的产权；投票权一般是平等分配的，但会给大股东增加一定投票权；合作社成员掌握控制权，而不管外来投资者占有多大股权；成员与合作社之间的交易配额，与其持有的合作社股权份额对等；成员按其股权份额分享的利润，在分配时还会考虑其与合作社交易配额的完成量，最终收益所得一般会对应其在合作社的投资额；交易转让权属于个人所有，这是合作社商业运作与成员利益有机结合的基点；合作社实行自上而下的领导制管理。

11. 国外农业合作社的发展经验有哪些可以借鉴？

（1）根据自身条件选择适宜的组织模式。

（2）创新生产经营方式，提高农业生产效率与产品附加值。

（3）坚持在合作的基础上完善法律保障体系和金融支持体系。

（4）正确发挥政府在农业合作社发展中的作用。

第四章 农民专业合作社
政策与法规

1. 法律上对于农民专业合作社概念如何界定？

根据《中华人民共和国农民专业合作社法》第一章第二条的规定，农民专业合作社即在农村家庭承包经营基础上，农产品的生产经营者或者农业生产经营服务的提供者、利用者，自愿联合、民主管理的互助性经济组织。

2. 农民专业合作社的主要业务范围是什么？

农民专业合作社以其成员为主要服务对象，开展以下一种或者多种业务：

（1）农业生产资料的购买、使用。

（2）农产品的生产、销售、加工、运输、贮藏及其他相关服务。

（3）农村民间工艺及制品、休闲农业和乡村旅游资源的开发经营等。

（4）与农业生产经营有关的技术、信息、设施建设运营等服务。

3. 申请农民专业合作社需要遵循哪些条件?

(1) 组成成员以农民为主体。坚持以农民为主体,坚持农民专业合作社为农民服务的宗旨,发挥合作社在解决"三农"问题方面的作用,使农民真正成为合作社的主人。《农民专业合作社法》规定,农民专业合作社的成员中,农民至少应占其总数的80%,并对合作社中企业、事业单位、社会团体成员的数量进行限制。

(2) 以服务成员为宗旨,谋求全体成员的共同利益。农民专业合作社是以成员自我服务为目的成立的。农民专业合作社的农民都是从事同类农产品生产、经营的农业生产经营者,通过合作社模式的效益,完成单个农民办不了、办不好、办了不合算的事。

(3) 入社自愿,退社自由。农民可以自愿加入一个或多个农民合作社,入社不改变家庭承包经营;农民也可以自由退出农民合作社,退出后,其合作社应当按照规章规定的方式和期限,退还记载在该成员账户内的出资额和公积金份额,并将成员资格终止前的可分配盈余依法返还给成员。

(4) 成员地位平等,实行民主管理。农民专业合作社成员大会是本社的权力机构,成员可以通过民主程序来直接控制本社的生产经营活动。在运行过程中应当始终体现"民办、民有、民管、民受益"的精神。

(5) 盈余主要按照成员与农民专业合作社的交易量(额)等比例退还。为了体现盈余主要按照成员与农民专业合作社的交易量（额）比例返还的基本原则，保护一般成员和出资较多成员两方面，可分配盈余中按成员与本社的交易量（额）比例返还的总额不低于其可分配盈余的 60%，其余部分依法以分红的方式按成员在合作社财产中相应的比例分配给成员。

4. 农民专业合作社的设立流程是什么？

农民专业合作社的设立流程：发起筹备→申报批准→制定章程→召开成立大会→组织核心工作机构→办理登记。

（1）发起筹备。

① 成立筹备委员会。筹委会主要由主要发起人和有关工作人员组成，具体负责筹备和制定工作方案，发起人一般由 5～7 人组成。其中工作方案包括为什么筹建该合作社，由谁发起，会员入会条件及合作社筹备程序等。

② 拟定社名，确立业务范围。由发起人拟定合作社名称，确定业务区域、业务内容、经营方式等，并说明发起成立的缘由，预计会员数以及合作社筹备程序等。

③ 准备发起申请书。将上述发起人讨论研究结果内容填入合作社发起申请表，并同时准备好申请报告。申请报告应包括本社宗旨、业务范围、经营效益、内设机构和下属组织等。

（2）申报批准。农民专业合作社发起人向主管部门递交申请，主管部门接到合作社发起人报送的组建申请书之后，应认真审查，包括发起人是否有组织能力、该合作社业务数量是否达到组建规模、预期的效果等。合作社基本符合条件后方可下达同意组建批复。

（3）制定章程。申请人接到主管部门准予的批复公文后，应立即召开筹备会，吸纳成员，拟定章程和业务计划书。

（4）召开成立大会。在以上各项工作完成后，即可请当地合作社主管部门派人出席参加并指导农民组委会成立大会，并于7日之前通知所有会员参会。

（5）组织核心工作机构。农民专业合作社组建的核心工作机构包括社员大会、理事会和监事会。

① 社员大会。是合作社的最高权力机构。成员在150人次以上的农民专业合作社设置社员代表大会，社员代表通过成立大会选举产生，人数一般为该社总人数的10%；如人数在150人次以内，则由全体社员参与社员大会。

② 理事会。理事会是农民专业合作社的执行机构，在社员大会产生之后，筹备小组要制定理事会成员选举方案，并整理出候选人名单。理事会负责农民专业合作社的日常工作，并代表合作社开展工作，有权签署经济以及有关合作契约，直接对社员大会负责。

一般设置为理事长1名，副理事长若干人，由理事会选举产生。

③ 监事会。监事会是在农民专业合作社中代表全体成员监督检查理事会和工作人员工作状态的检察机构。在社员大会产生之后，筹备小组要制定监事会成员选举方案，并整理出候选人名单。

监事会由单数监事构成，任期若干年，可连任选举。

（6）办理登记。县（区）工商行政管理部门是农民专业合作社登记机关。

5. 什么是农民专业合作社合并?

农民专业合作社合并是指两个或两个以上的合作社依照法定程序合并成为一个合作社的行为。

合并主要有两种形式:一是吸收合并,指一个合作社接纳一个或一个以上的其他合作社加入本合作社,接纳方继续存在,加入方解散并取消原法人资格;另一种是新设合并,指合作社与一个或一个以上合作社合并,设立一个新的合作社,原合并各合作社各自解散,取消原法人资格。

合作社合并时,合并各方的债权、债务应当由合并后续存或开设新设的合作社继承。

6. 为什么要合并农民专业合作社?

农民专业合作社合并,是指两个或两个以上的农民专业合作社通过订立合并协议,合并成为一个农民专业合作社。

目前存在一些很现实的不利于合作社进一步发展的问题,例如规模小、资金不足、技术落后等。因此,为鼓励合作社加强联合与合作,以解决农民专业合作社规模化难、生产、加工增值难和科技创新难等问题。

合作社联合可以发挥各个合作社的资源优势,推动合作社的资源共享,优势互补;进一步提升市场竞争力,打破原有基层社完全被动地接受给定的质量等级和价格的市场格局;降低经营成本,实现规模经济。

7. 农民专业合作社合并流程有哪些?

（1）做出合并决议。依据《农民专业合作社法》的规定，合作社合并决议由合作社成员大会做出。农民专业合作社召开关于合作社合并的成员大会，出席人数应达到总人数 2/3 以上。合并农民专业合作社提议应由达到总人数 2/3 的成员表决同意后才能通过。成员大会或者成员代表大会还要授权合作社的法定代表人签订合同。

（2）通知债权人。合作社应当在做出合并决议之日起 10 个工作日内通知债权人。

（3）签订合并协议。合作社合并协议是两个或两个以上的合作社，就有关合并的事项达成一致意见的书面表示形式，各方合作社签名、盖章后即产生法律效力。

（4）合并登记。因合并而续存的合作社，保留法人资格，但是应当办理变更登记；因合并而被吸收的合作社，应当办理注销登记，法人资格随之消灭；因合并而新设立的合作社，要先注销现存的合作社，并办理新合作社设立登记，取得法人资格。

案例

江苏苏州创农村经济新模式

——合并股份合作社成集团公司

苏州湖桥集团于 2010 年 11 月 23 日正式成立，标志着苏南农村经济走出了一种新模式。集体公司以合作社为基础，进行产业整合，农民组建各类股份合作社，再把合作社联合组建为集团公司，成功走出突破农村合作社瓶颈的新路子。

苏州湖桥村位于太湖之滨，村域面积 10.38 平方公里。全村共有 28 个自然村、1 178 户、4 475 人。经过 5 年的发展，村里组建了物业股份合作社、社区股份合作社和生态农业股份合作社三大合作经济组织。这次又将这三大股份合作社合并，成立集团公司，生态农业股份合作社出资 3 000 万元，物业股份合作社出资 1 600 万元，社区股份合作社出资 1 000 万元，公司总注册资本 5 600 万元。集团下辖生态农业、文化旅游、建筑、园林绿化、物流等五大子公司。

8. 农民专业合作社为什么要分立？

在农民专业合作社发展过程中，会因为种种原因产生分立合作社的需求。比如业务范围的扩大使得原来合作社的发展效率降低，将一些业务通过分立的方式分离出去，可以使各个合作社集中精力办好自己的事情。又如随着业务的扩大，合作社经营的地理区域不断扩大，在各地设立分社可以很好地应对这种变化。总之，农民专业合作社的分立是伴随着发展的实际需求而产生。

9. 农民专业合作社的分立方式有哪些？

农民专业合作社分立，是指一个农民合作社依法分成两个或两个以上的农民合作社的法律行为。主要有以下两种方式：

（1）合作社的新设分立。指将一个合作社依法分割成两个或两个以上新的合作社。按照这种方式分立合作社，原合作社应依法办理注销登记，其法人资格消灭；分立后新设的合作社应当依法办理设立登记，取得法人资格。

（2）合作社的派生分立。指原合作社保留，但对其财产做出相应分割，另外成立一个新的合作社。原有合作社应当依法办理财产变更登记，派生的新合作社应依法办理设立登记。

10. 合作社分立的具体程序是什么？

（1）做出合作社分立决议。依据《农民专业合作社法》的规定，合作社分立决议由合作社成员大会作出。农民专业合作社召开关于合作社分立的成员大会，出席人数应达到总人数2/3以上，表决同意后才能通过。成员大会或者成员代表大会还要授权合作社的法定代表人签订合同。

（2）通知债权人。合作社应当在做出分立决议之日起10个工作日内通知债权人。

（3）签订分立协议。合作社分立协议是合作社有关各方就有关分立的事项达成一致意见的书面表示形式，经分立各方合作社代表签字、盖章后，即产生法律效力。

（4）分立登记。因分立而被消灭的合作社，应当办理注销登记，法人资格随之消灭；因分立而新设立的合作社，要先注销现存的合作社，并办理设立登记，取得法人资格。

11. 农民专业合作社解散的原因有哪些?

依据《农民专业合作社法》的规定，合作社应当解散的事由主要有：

（1）章程规定的解散事由出现。合作社的设立大会在制定合作社章程时，可以预先约定合作社的各种解散事由。如果在合作社经营中，规定的解散事由出现，成员大会或者成员代表大会可以决议解散合作社。

（2）成员大会决议解散。成员大会有权对合作社的解散事宜做出决议，但需要本社成员 2/3 以上同意才能通过。

（3）因合并或者分立需要解散。

（4）被依法吊销营业执照或者被撤销。

当上述事由出现时，合作社就应解散。

12. 农民专业合作社解散的程序是什么?

（1）做出合作社解散决议。依据《农民专业合作社法》的规定，合作社解散决议由合作社成员大会做出。农民专业合作社召开合作社成员大会，出席人数应达到总人数 2/3 以上，解散农民专业合作社提议应由达到总人数 2/3 表决同意后才能通过。成员大会或者成员代表大会还要授权合作社的法定代表人签订解散决议。

（2）通知债权人。合作社应当在做出解散决议之日起10个工作日内通知债权人。

（3）签订解散协议。合作社解散协议是合作社有关各方就有关解散的事项达成一致意见的书面表示形式，经法定代表人签字、盖章后，即产生法律效力。

（4）注销登记。因解散而终止的合作社，应当办理注销登记；办理注销登记需向工商部门提交注销登记申请书、解散决议以及清算报表等相关文件，经审核通过后，合作社才算正式解散。

13. 农民专业合作社经营范围有哪些？

农民专业合作社的业务范围主要包括：以农村家庭承包经营为基础，以其成员为主要服务对象，提供农业生产资料的购买，农产品的销售、加工、运输、贮藏，以及与农业生产经营有关的技术、信息等服务。农民专业合作社应当在工商行政管理机关注册登记的业务范围内开展经营活动。对从事业务范围以外经营活动的，由登记机关责令改正。

14. 农民专业合作社清算的法律依据是什么？

农民专业合作社解散时的清算，是指合作社解散后，依照法定程序清理合作社债务和债权，处理合作社剩余财产，使合作社归于消灭的法律行为。清算的目的是为了保护合作社成员和债权人的利益。

《中华人民共和国民法通则》第四十条规定，法人终止，应当依法进行清算，除合作社合并、分立两种情形外，合作社解散后都应当依法进行清算。

15. 农民专业合作社的清算组如何产生？

因章程规定的解散事由出现、成员大会决议解散或依法被吊销营业执照、被撤销等原因解散的，应当在解散事由出现之日起由成员大会推举成员组成清算组，开始解散清算。逾期不能组成清算组的，成员、债权人可以向人民法院申请指定成员组成清算组进行清算，人民法院应当受理该申请，并及时指定成员组成清算组进行清算。

16. 清算组的工作内容有哪些？

《农民专业合作社法》第四十九条规定，清算组自成立之日起接管农民专业合作社，负责处理与清算没有完结的业务，清理财产和债权、债务，分配清偿债务后的剩余财产，代表农民专业合作社参与诉讼、仲裁或其他法律程序，并在清算结束时办理注销登记。

《农民专业合作社法》第五十条规定，清算组应当自成立之日起10日内通知农民专业合作社成员和债权人，并于60日内在报纸上公告。债权人应当自接到通知之日起30日内，未接到通知的自公告之日起45日内，向清算组申报债权。如果在规定期间内全部成员、债权人均已收到通知，免除清算组的公告义务。

债权人申报债权，应当说明债权的有关事项，并提供证明材料。清算组应当对债权进行审查、登记。在申报债权期间，清算组不得对债权人进行清偿。

17. 农民专业合作社清算的流程有哪些?

清算的程序相对简单一些，一般程序包括成立清算机构；通知、公告合作社成员和债权人；制定清算方案；实施清算方案；办理注销登记。需要注意的是，清算方案必须是农民专业合作社成员大会通过或人民法院确认后才能开始实施。

（1）成立清算机构。由成员大会推举或人民法院指定清算组，行使管理合作社业务和财产的职权。

（2）通知、公告合作社成员和债权人。清算组自成立之日起 10 日内通知合作社成员和债权人，并于 60 日内在报纸上公告。债权人应当自接到通知 30 日内，未接到通知的自公告日 45 日之内，向清算组申报债权。如果在规定期间内全部成员、债权人均已收到通知，免除清算组的公告义务。债权人申请债权，应当说明债权的有关事项，并提供证明材料。

（3）指定清算方案。清算组在清理合作社财产、编制资产负债表和财产清单之后，要制定清偿合作社员员工工资以及社会保险费用、清偿所欠财务、分配剩余财务的方案。清算方案应报成员大会通过或主管部门确认。如发现财产不足以清偿债务，清算组应停止清算工作，依法申请破产。

（4）实施清算方案。清算方案的实施程序是：支付清算费用；清偿员工工资以及社会保险费用；清偿所欠财务；按财产分配的规定向成员分配财产。

（5）办理注销登记。清算结束后清算组应当提出清算报告并编制清算期间内收支报表，报送行政主管部门，并到相关部门办理注销登记。

18. 清算时产生的共益债务包括哪些？

共益债务是指人民法院受理破产申请之后，为了全体债权人的共同利益以及破产程序顺利进行而发生的债务。共益债务的内容如下：

（1）因管理人或者债务人请求对方当事人履行双方均未履行完毕的合同所产生的债务。

（2）债务人财产受无因管理所产生的债务。

（3）因债务人继续营业而应支付的劳动报酬和社会保险费用以及由此产生的其他债务。

（4）因债务人不当得利所产生的债务。

（5）管理人或者相关人员执行职务致人损害所产生的债务。

（6）债务人财产致人损害所产生的债务。

19. 为什么要扶持农民专业合作社发展？

作为弱势群体的农民专业合作社组织凭借自身力量直接进

入市场进行平等竞争是很难发展的，它需要政府的帮助和扶持。

我国的农民专业合作社发育仍处于初级阶段，发展历程比较短暂，合作文化底蕴不足，自身的弱质性突出，组织规模小且零散，形不成独立的体系。农民专业合作社组织的整体经济实力在整个农村经济中微不足道，再加上国际化竞争的威胁，市场发育不充分等原因，更需要加强政府从各方面给予保护、扶持和引导。

地方政府有独特的社员动员能力、社会稀缺资源配置能力和技术服务资源优势，在市场经济体制还没有健全的条件下，农民专业合作社组织的发展必然需要尽可能借助地方政府的各项优势，改善外部经营环境，提供依靠自身力量难以实现或成本过高的服务，实现自身的加速扩张。

20. 主要扶持政策有哪些?

《农民专业合作社法》第七章中规定了国家支持农民专业合作社发展的扶持措施，提出了农民专业合作社可以享受产业政策倾斜、财政扶持、金融支持、税收优惠四种国家扶持政策的支持。

（1）产业政策倾斜。近年来政府把农民专业合作社作为实施国家农业支持保护的重要方面，采取了有效的措施。主要有：支持农民专业合作社参加项目建设，支持农民专业合作社开拓市场，支持农民专业合作社参加农业保险，在科技、人才上支持农民专业合作社发展。农民专业合作社应作为实施国家农业支持保护的重要方面。符合条件的农民专业合作社可以按照政府有关部门项目指南要求,向项目主管部门提出承担项目申请,经项目主管部门批准后实施。

(2)财政扶持。《农民专业合作社法》规定,中央和地方财政应当分别安排资金,支持农民专业合作社开展信息、培训、农产品标准与认证、农业生产基础设施建设、市场营销和技术推广等服务。国家对革命老区、民族地区、边疆地区和贫困地区的农民专业合作社给予优先扶助。

自 2003 年起,中央财政每年拿出专项资金,扶持农民专业合作社的发展。农业部组织农民专业合作社示范项目建设,支持合作社开展标准化生产、产业化经营、市场化运作、规范化管理,支持开展教育培训活动,以增强农民专业合作社自我服务功能,提高农产品质量安全水平,推动农民专业合作社健康发展。

目前,绝大部分省区市和部分地(市)地方财政都安排专项资金,支持农民专业合作社建设与发展,农民专业合作社示范点数量和规模不断扩大。

2008 年起,农业部和各省区市农业部门开始组织农业专业合作社示范社建设,每年评选认定一批全国、省级和市(县)级农民专业合作社示范社,并适当给予奖励。

(3)金融支持。《农民专业合作社法》规定,国家政策性金融机构应当采取多种形式,为农民专业合作社提供多渠道的资金支持。国家鼓励商业性金融机构采取多种形式,为农民专业合作社提供金融服务。主要内容如下:

① 把农民专业合作社全部纳入农村信用评定范围,建立

农业贷款绿色通道，提供信贷优惠和服务便利，对信用等级较高的农民专业合作社，在同等条件下实行贷款优先、利率优惠、额度放宽、手续简化。

② 将农户信用贷款和联保贷款引入农民专业合作社，积极满足合作社小额贷款需求。

③ 对资金需求量大的合作社，运用政府风险担保、农业龙头企业担保等方式给予支持。

④ 对于因自然灾害导致贷款拖欠的农民专业合作社，按照商业原则适当延长贷款期限，并根据需要适当追加贷款投入，帮助合作社恢复生产。

(4) 税收优惠。经国务院批准，2008 年 6 月 24 日，财政部、国家税务总局出台了《关于农民专业合作社有关税收政策的通知》，主要精神包括：

① 对农民专业合作社销售本社成员生产的农业产品，视同为农业生产者销售自产农业产品免征增值税。

② 增值税一般纳税人从农民专业合作社购进的免税农业产品，可按 13％的扣除率计算抵扣增值税进项税额。

③ 对农民专业合作社向本社成员销售的农膜、种子、种苗、化肥、农药、农机，免征增值税。

④ 对农民专业合作社与本社成员签订的农业产品和农业生产资料购销合同，免征印花税。

⑤ 合作社享受国家规定对农业生产、加工、流通、服务和其他涉农经济活动相应税收优惠。

⑥ 合作社从事农产品初加工、兽医、农技推广、农机作业和维修等农、林、牧、渔服务项目所得，免征企业所得税。

⑦ 合作社从事农、林、牧、渔业项目所得，免征企业所得税；从事花卉、茶以及其他饮料作物和香料作物的种植、海水养殖及内陆养殖的项目所得，减半征收企业所得税。

⑧ 合作社从事农业机械、排灌、病虫害防治、植保、农牧保险及相关技术培训业务，免征营业税。

21. 农民专业合作社如何获得财政资金支持?

国家非常重视对农民专业合作社发展的财政支持，在资金投入、税收优惠等方面采取了一系列的措施，不断加大对农民专业合作社发展的资金支持力度。从 2003 年起，中央财政在预算中专门安排用于支持农民专业合作社发展的基金，支持各地区农业、林业、水利等各类农民专业合作社发展，并逐年增加资金规模。目前，对农民专业合作社的财政支持主要分为财政部门和农业部门两大块。

（1）财政部门对农民专业合作社的扶持。为提高农民进入市场的组织化程度和财政支农资金的有效性，要求各财政部门要严格执行《财政农业专项资金管理规则》中的规定，实行项目管理、标准文本申报、专家评审、择优安排和监督检查等管理。

申请中央财政农民专业合作社组织发展资金支持的农民专业合作社应该符合以下条件：

① 依据有关规定注册，具有符合"民办、民管、民享"原则的农业合作组织章程。

② 有比较规范的财务管理制度，符合民主管理决策等规

范要求。

③ 有比较健全的服务网络，能有效地为合作社组织成员提供农业专业服务。

④ 合作社组织成员原则上不少于 100 户，同时具有一定的产业基础。

（2）农业部门对农民专业合作社的扶持。农业部积极推动农民专业合作社示范社建设，以示范项目建设为载体，重点依托部、省、市、县四级工作平台，开展培育农民专业合作社示范活动。根据当地优势产业或特色产业，结合不同产业发展情况，做大做强一批产业基础牢、经营规模大、质量安全优、品牌效益高、出口能力强、服务设施全、带动农户多、社会效果好的示范专业合作社。

申请项目的农民专业合作社需符合以下条件：

① 经县级以上的有关部门登记注册满一年以上。在当地县级工商行政主管部门依法登记，取得"农业专业合作社法人经营执照"的农民专业合作社优先考虑。

② 成员人数 100 人以上，其中农业成员达到 80％以上。所从事的产业应当符合农业部优势农产品区域布局规划和特色农产品区域布局规划，已经带动形成了当地主导产业，成员年纯收入比当地非成员农民年纯收入高出 20％以上。

③ 运行机制合理。有规范的章程、健全的组织机构、完善的财务管理制度等；有独立的银行账户和会计账簿，建立了成员账户；可分配盈余按交易量（额）比例返还给成员的比例达到 60％以上。工商登记为农民专业合作社的，组织运行应符合农民专业合作社法的有关规定。

④ 服务能力强。与成员在市场信息、业务培训、技术指导和产品营销等方面具有稳定的服务关系，实现了统一农业投入品的采购和供应，统一生产质量安全标准和技术培训，统一品牌、包装和销售，统一产品和基地认证认定的"四统一"服务。获得无公害农产品、绿色农产品、有机食品认证标志或地理标志认证，获得中国农业品牌等知名商标品牌称号，以及产品出口获得外汇收入的，优先考虑。

22. 农民专业合作社如何申请享受税收优惠政策?

申请享受税收优惠政策的合作社，应当是生产经营活动开展正常，经营活动成功，核算完整准确，运作规范的合作社。具体来说，应具备以下条件：

（1）有完整的社员账户，包括社员的姓名、住址、身份、身份证号码、经营产品范围等。

（2）有健全的财务账户，包括入股的资金比例、交易额、总账和相应的明细账等。

符合上述条件的农民专业合作社应当向当地税务部门提出申请，申请时要提供合作社营业执照、税务登记证复印件和当地税务部门需要的其他相关证件，优惠标准根据财政部、国家税务总局规定，经主管税务机关审核，对于符合享受税务优惠政策条件和要求的农民专业合作社，销售本社社员自产和初加工的农产品，给予相应税收优惠。

具体来说，申请享受退税优惠政策的一般程序如下：

（1）申请。纳税人申请退税，应如实填写退税申请审批表并同时提供相关证明文件、证件、资料（提交资料时由纳税人填写税务文书附送资料清单），包括书面申请、完税凭证复印件、批准文件或财务部门已核实的各类清算表、结算表、处理决定书。

（2）受理。地方税务机关对纳税人送报的文件、证件以及有关资料进行审核，对文件、证件以及资料齐全且无误的给予受理，并进行受理文书登记，同时打印《税务文书领取通知书》交给纳税人；对文件、证件以及资料不齐全或者有误的，应当场说明并一次性告知补正内容。

（3）退税。地方税务机关查实后办理退还手续，打印《中华人民共和国税收收入退还书》送国库办理退税手续。

第五章　农民专业合作社
经营管理

1. 农民专业合作社成员如何出资？

　　《农民专业合作社法》规定，成员是否出资以及出资方式、出资额均由章程规定。《农民专业合作社登记管理条例》对农民专业合作社成员出资种类、出资认定方式以及成员出资总额做出了原则性规定。因此，成员加入合作社并不一定都要以货币形式出资，而要看具体章程的规定。

　　关于合作社成员出资的种类。合作社可以用货币出资，也可以用实物、知识产权等能够用货币估价并可以依法转让的非货币财产作为出资，如房屋、农业机械、注册商标等。成员不得以劳务、信用、自然人姓名、商誉、特许经营权或设定担保的财产等作为出资。条例未规定成员可以用土地承包经营权作价出资。

　　根据此规定，合作社成员的出资方式主要包括三大类：货币、实物及知识产权等无形财产。其中，可用于出资的非货币财产必须满足两个条件：一是能够用于货币估价，二是可以依法转让。

2. 什么是农民专业合作社的成员账户?

农民专业合作社的成员账户,是指合作社在进行某些会计核算时,要为每位成员设立明细科目分别核算。根据农民专业合作社法规定,成员账户主要记载三项内容:

(1)记录成员出资情况。

(2)记录成员与合作社交易情况。

(3)记录成员的公积金份额变化情况。

这些单独记录的会计资料是确定成员参与合作社盈余分配、财产分配的重要依据。

3. 什么是农民专业合作社的可分配盈余?

盈余分配是指税后利润的分配,即如何向股东支付股利和企业留存之间的分配,以股东的现实利益和长远利益的有机结合为盈余分配的基本原则。

盈余分配的决策权在股东大会。在弥补亏损、提取公积金后,可供当年分配的那部分盈余。

即:可分配盈余=当年盈余-弥补亏损-提取公积金

4. 合作社盈余的分配对象是谁?

农民专业合作社盈余的分配对象是认购农民专业合作社股金的成员。

5. 农民专业合作社盈余分配之前要做哪些准备工作?

农民专业合作社在进行年终盈余分配工作之前,财务人员要做好财务清查,准确核算全年收入、成本、费用和盈余,清理资产和债权、债务。财务核算结束后,向理事会提出盈余分配方案。

6. 农民专业合作社如何进行盈余分配?

可分配盈余的分配,主要应根据交易量(额)的比例进行返还,返还总额不得低于可分配盈余的 60%。剩余部分可根据各合作社自身情况,按照成员账户中记载的出资额和公积金份额,以及本社接受国家财政直接补助和他人捐赠形成的财产平均量化到成员份额,按比例分配。

案例

四川邻水县盛世种植专业合作社

——开创了"三次分红"利益机制

四川邻水县属典型的丘陵山区,农业生产条件较差,农民耕种意愿较低,土地撂荒现象较严重。为了破解家乡"谁来种地"、规模经营水平低、生产效益差等难题,2014 年 11 月,长期在外经商的方智勇回到家乡,与另外 4 名返乡农民共同牵头，创办了邻水县盛世种植专业合作社。合作社现有成员 119 人，通过示范种植、加工、销售粮油作物，带动开展农机、农技、植保等社会化服务，引领小农户迈进现代农业发展轨道。合作社建有 1 万平方米的厂房，配有日处理能力 400 余吨的烘干设备及日处理 30 吨大米的精深加工线一条，拥有耕整机 30 余台套、收割机 7 台、插秧机 8 台、植保机械 40 台、灌溉设备 30 余台，固定资产总额达 1 200 万元。

探索"三次分红"，大力发展全程托管、全村托管服务。一是兜底分红。对愿意合作的村、组，合作社按干稻谷 400 千克/亩的整村/整组平均产量兜底，全程托管服务费按普通村每亩 650 元、贫困村每亩 580 元收取，保证每户每亩有 350 元以上的土地最低收益。亩产达到 400 千克的，村集体从合作社提取除全程托管服务费外收益的 10% 作为村集体收入；亩产超过 400 千克的部分，按照成员农户 30%、村集体 30%、合作社 40%，进行第一次分红。二是轮种分红。土地第二季轮种蔬菜，除去生产运输等成本后的盈余，按照成员农户 30%、村集体 30%、合作社 40%，进行第二次分红。三是加工分红。对于绿色、有机农产品，合作社统一进行精深加工，除去加工、包装、销售成本后的盈余，按照成员农户 40%、村集体 30%、合作社 30%，进行第三次分红。合作社累计为老百姓分红 128 万元，村集体分红 77 万元。

7. 什么是"农超对接"?

"农超对接"指的是合作社和商家签订意向性协议书，由合作社向超市、菜市场和便民店直供农产品的新型流通方式，主要是为了优质农产品进入超市搭建平台。

经过多年的不断发展，现在的"农超对接"不仅仅局限于农民专业合作社与超市的对接，还包括与生产基地、龙头企业以及大型批发市场之间的合作。

"农超对接"的本质就是缩短生产者与消费者之间的距离，减少农副产品的流通环节，提高流通效率的一条简短的农产品供应链，并通过构建产销一体化促进农业现代化的发展，实现"农超对接"供应链上的多方共赢。

8. "农超对接"的优点有哪些?

（1）稳定农产品销售渠道和价格。

（2）可避免生产的盲目性。农产品与超市直接对接，市场需要什么，农民就生产什么。

（3）减少流通环节，降低流通成本。通过对接可以降低流通成本 20%～30%，给消费者带来实惠。

所以，开展鲜活农产品"农超对接"，是积极探索推动鲜活农产品销售的有效途径和措施，是减少农产品流通环节、降低流通成本的有效手段，有利于实现农产品"从农田到餐桌"全过程质量控制，为优质农产品寻求更广阔的市场。

9. "农超对接"需要注意哪些问题?

(1) 冷链物流配送的问题。"农超对接"市场的扩大必然导致生鲜农产品销售量的增加,这对物流服务提出了更高的要求。生鲜农产品易损性和时效性强,它的新鲜度不仅与运输时间有关,还与变质率有关,生鲜产品从采摘到消费者手里必须进行全程冷链运输。所以,农民专业合作社在进行"农超对接"合作时,应注意物流的选择。

(2) "农超对接"信息化程度,把控生鲜农产品质量的问题。消费者对于绿色、无公害生鲜农产品的热爱,需要农民专业合作社和超市共同提升生鲜产品的质量。农民专业合作社和超市都要注意生鲜农产品信息技术的应用,生鲜农产品生命周期短,保鲜期更短,超市可以采用先进保鲜冷藏系统来保证生鲜农产品的新鲜程度。

同时,农民专业合作社也应该对技术人员进行专业培训,帮助农户在生鲜农产品种植期间加强质量监控与检测。

10. 开展"农超对接"需要具备哪些条件?

(1) 具有注册商标和产品包装等自主品牌,获得市级以上农产品名牌产品或著名商标称号。

(2) 生产基地或产品获得无公害农产品产地认定或产品认定,或产品已开展绿色食品和有机食品认证,基本建立农产品质量安全追溯和自律性检测检验制度。

（3）生产基地实行统一生产技术规程和质量标准，标准化生产面积占 80％以上。

（4）合作社与所推荐试点企业已有或即将建立合作。

11. 农民专业合作社如何发展"农超对接"？

从目前的实践来看，各地农民专业合作社发展"农超对接"，坚持政府引导，市场化运作。在大中城市选择部分大型连锁商业企业和部分农民专业合作社进行鲜活农产品"农超对接"试点，贸农结合，以商促贸，促进连锁企业产业链的延伸和农产品供应链的整合。一般来说，发展"农超对接"通常要经历以下程序：

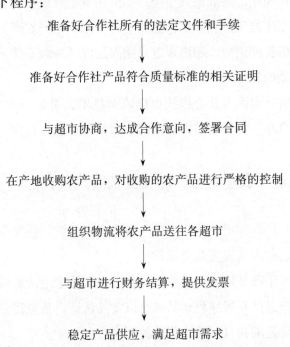

准备好合作社所有的法定文件和手续

↓

准备好合作社产品符合质量标准的相关证明

↓

与超市协商，达成合作意向，签署合同

↓

在产地收购农产品，对收购的农产品进行严格的控制

↓

组织物流将农产品送往各超市

↓

与超市进行财务结算，提供发票

↓

稳定产品供应，满足超市需求

案例

家乐福"农超对接"模式

家乐福"农超对接"的核心是通过合作社来组织农民的产品，即"超市＋合作社＋农民"模式。从2008年开始，家乐福食品安全基金会每月在一个省举办一次"农超对接"培训班。"农超对接"依据采购半径的不同，设计了两个采购系统，即全国"农超对接"采购部门和地区"农超对接"采购部门。前者主要采购水果和适合于长距离运输的蔬菜，如苹果、梨、橙子、干果、马铃薯和反季节蔬菜等；后者则重点采购城市周边的蔬菜和当地名优水果。

12. 什么是"农校对接"？

"农校对接"是农产品与高校食堂直接对接，高校食堂需要什么，农民就生产什么，既可避免生产的盲目性，稳定农产品销售渠道和价格，同时，还可减少流通环节，降低流通成本，通过直采可以降低流通成本20%～30%，给学生带来实惠。

目前在我国，"农校对接"是为了实现农民专业合作社与高校食堂的对接，实现农民增收、学生受益这一双赢局面。它可以减少高校农产品采购环节，降低学生食堂采购成本，能更好的保障学生食品安全，对促进高校稳定和农民增收具有重要的意义。

13. "农校对接"的主要内容有哪些?

（1）加大鲜活农产品现代流通技术。当前需要加强鲜活农产品冷藏冷冻设施投入，对高校的部分鲜活农产品实行强制性冷链流通，降低农产品损耗，保障鲜活农产品质量。

（2）实现鲜活农产品高效物流配送。这是鲜活农产品进入市场的重要环节，也是降低鲜活农产品的损耗率，提高农产品增加值的重要途径。支持有关企业和农民专业合作社通过新建鲜活农产品配送中心，在现有基础上增加鲜活农产品配送功能，发展第三方农产品物流配送等多种方式，建立与农产品生产基地规模和高校需求相适应的物流配送系统。

（3）提高信息化管理水平。支持各地高校后勤行业组织尽快建立公开、公平的电子信息采购平台，充分发挥电子商务订单、配送一体化的优势，引领高校源头采购安全农副产品。

通过电子信息技术，实现高校系统与有关方面业务流程的融合与信息系统的互联互通，提高市场反应能力，建立鲜活农产品质量可追溯体系。

（4）扩大从农民专业合作社直采农产品规模。广泛宣传、大力支持生产规模较大、质量安全水平较高、拥有自主品牌的农民专业合作社向高校提供优质安全可靠的农产品，促进农民专业合作社农产品销售规模的扩大。

（5）建立"农校对接"渠道。各职能部门要各尽其职、协调配合，组织农民专业合作社与当地高校进行专场接洽谈会、产品展示推介会等，为农民专业合作社搭建平台，疏通对接渠道。

案例

上海交通大学开展"农校对接"

上海交通大学在开展"农校对接"工作中，主要分成四个阶段稳步推进。第一阶段，搭建"农校对接"采购平台，让更多的农产品基地、蔬菜合作社、农产品生产企业及农产品实验基地等部门参与。第二阶段，组织分管领导和采购工作组直接到农产品生产基地、蔬菜合作社和农产品生产企业进行现场考察、分析和评估。第三阶段，依据对参与单位的评估报告，选择部分单位签订采购合作协议，部分单位签订后备采购合作协议。第四阶段，定期开展对合作单位供货情况工作的复评（在每年的 3 月或 7 月进行）。主要从产品品种、服务情况、质量优劣、价格合理、供货能力等方面进行复评，评审机构由饮食中心管理部、采供部、财务部、食堂代表和"农校对接"工作负责人组成。确保采购农产品的质量，完善对农产品的询价工作，实现农校双赢。

14. 农民专业合作社如何发展"农校对接"？

（1）合作社必须保证供应的数量和质量。

（2）发展完善信息平台。

（3）联合多家合作社向学校供应蔬菜。

（4）扩大宣传渠道。

（5）积极申报"农校对接"的各类项目。

（6）关注大型配送中心的对接信息。

案例

甘肃农民专业合作社"农校对接"

—— 合作社发展建设综合信息服务平台

"农校对接"最直接的受益者当属靖远聚和蔬菜种植销售专业合作社。李小鹏作为甘肃靖远县聚和蔬菜种植销售专业合作社的理事长，他表示甘肃农民专业合作社综合信息服务平台是促成这次"农校对接"合作成功的关键。"农校对接"的兰州理工大学起初对合作社并不完全了解，也没有时间到各地进行实地考察，兰州理工大学利用网络搜索的方式找寻合作对象，最后将合作对象锁定为靖远聚和蔬菜种植销售专业合作社。兰州理工大学的负责人表示，通过甘肃农民专业合作社综合信息服务平台，合作社的蔬菜种植过程、种植环境等信息都可以一目了然。登录平台，就可以将蔬菜相关的信息尽收眼底，对于兰州理工大学饮食物资采购人员来说，对蔬菜的质量自然放心。

15. 农民专业合作社如何发展电子商务？

（1）合作社自办网站。通过网络与客商进行产销对接，将产品销到国内外。例如，北京市已有 200 多家专业合作社建立了自己的网站或者网页，初步建立"线上交易，线下配送"的架构。2009 年，农副产品电子商务成交额达到 1 000 余万元，做出了创新性探索。

（2）网上开店。农民专业合作社可以进驻阿里巴巴、淘宝等网上交易平台，实现合作社农副产品的网上营销。相比合作社自办运营网站，入驻成熟电子商务平台的成本相对较低。

（3）网上联合社营销模式。网站上设立合作社简介、产品展厅、管理建设、技术服务等栏目，为合作社进行产品宣传，为成员提供技术服务，树立合作社品牌形象，加强合作社对外交流。网上联合社信息服务平台的开通，为合作社成员拓宽了收入渠道，提高了社员的收入。

案例

缓滨县和田水稻种植专业合作社

——发展电子商务营销

绥滨县和田水稻种植专业合作社利用农技宝等平台为农民提供技术、市场信息、政策等方面的服务，整合农产品资源，创建农产品销售平台，扩大农产品销路。并创建电子商务平台，整合全县电子商务平台资源，实施连锁经营，销售农产品（五谷杂粮）、山产品（木耳、榛子）、水产品（黑龙江鱼）、畜产品（肉鹅、鸭蛋）等，使全县有机农产品销量大增，2015 年比上一年增长 50%。

采取线上与线下相结合的新营销模式。采取 O2O（线上线下）、B2C（企业对个人）、B2B（企业对企业）、C2C（个人对个人）等销售模式，进行线上引导、线下消费。

线上销售的主要做法：①引进电商人才。②合作社借助"互联网＋"，建立追溯系统，提供产品质量追溯信息，实现产品的全生命周期追溯。③通过扫描二维码进入微信公众平台，节假日发送相关内容的段子或小故事，吸引消费者眼球。④定期咨询。顾客可以到网站随时了解最新的产品信息，更系统直观地了解产品。⑤优惠活动。可以到网上下载优惠券或进行有奖问卷活动，并与用户进行 BBS 畅谈。⑥兑换积分。可以根据会员卡的积分定期到网站兑换超值礼品。⑦B2T（在线团购）。⑧新品销售先在网站试销。

在品牌推广方面利用县域内的所有媒体进行推广，积极参与全国各大农产品展销会、订货会，把绥滨大米、绥望大米品牌推广到全国各地。同时，采用多网合作模式，建立独立的网络平台，并与全国知名电商平台进行有效的合作及推广。

16. 农民专业合作在发展电商业务时需要注意哪些?

（1）专业人才短缺问题。专业电子商务人才短缺，而吸引优秀的电子商务专业人才对单个合作社来说成本很高，对销售人员进行电子商务专业培训可能更适合目前合作社发展的实际。

（2）资金短缺的问题。要运营好网站需要有持续的资金投入，很多合作社在发展电子商务初期会有投入，而在后期往往荒废，导致前功尽弃。

（3）合作社推广的问题。对于规模不大的农民专业合作社来说，在品牌推广上有一定的难度，其生产的农副产品不具备规模效应或品牌效应，进行电子商务时的投入产出比较低。

17. 农民专业合作社生产标准化的好处有哪些？

（1）提高农产品质量安全水平。通过统一管理、配送农药、化肥等，降低药物使用率，使所生产出来的农产品质量安全符合标准要求。

（2）广泛应用农业先进技术。标准是先进技术和成功生产经验的载体，并经过广泛论证，由政府审批发布。应用标准的过程，就是采纳和吸收优良技术经验的过程。

（3）促进组织化生产、品牌化销售。按标准化要求组织的农业生产，因产品的质量安全水平有保障，生产技术操作规范，比较容易获得"三品一标"（无公害农产品、绿色食品、有机食品、农产品地理标志）认证，基本能够实现订单生产和品牌销售。

（4）满足产地准出和市场准入制度要求。农业标准化生产需要健全农产品生产档案记录，按标准进行包装标识，基本实现了农产品质量安全可追溯，因此能够满足产地准出和市场准入制度的相关规定。

18. 开展农业标准化生产的步骤是什么？

（1）策划。进行策划前需要收集相关信息和进行市场调查，包括目标市场需求情况、社会经济环境、国家或行业相关政策等。

（2）制订准则和定时修订。在标准制订过程中要特别注意与现行的国家、行业标准配套。

（3）准备阶段。加强领导小组的领导，成立相关机构和部门，制订工作规程和相关指导手册，购买所需设备等生产资料。

（4）试点阶段。在农业标准全面实施之前，可根据需要选择有代表性的地区和单位进行试点。

（5）全面实践阶段。试点成功后，可进入全面实施阶段。

（6）总结改进阶段。针对标准实施过程中所遇到的困难以及解决的方式进行总结，提出改进计划，落实改进措施。

📖 案例

陵水雷丰芒果农民专业合作社

——合作社为农民提供标准化技术服务指导

海南省陵水雷丰芒果农民专业合作社成立了农业技术服务队伍，由13位国内外专家和22位专业人员组成，与德国、西班牙的大学，以及中国科学院、中国农业大学、中国

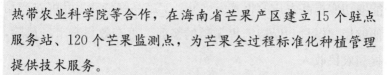

热带农业科学院等合作，在海南省芒果产区建立 15 个驻点服务站、120 个芒果监测点，为芒果全过程标准化种植管理提供技术服务。

产品优质增产增收，雷丰芒果农民专业合作社以"公司＋合作社＋农户＋标准化生产"模式，推行海南芒果标准化种植技术。

三亚天涯区梅村的 520 亩芒果园里，芒果树郁郁葱葱，考核组专家在树林里安放了环保灭虫灯，示范区严禁禁用药品流入，与几年前相比，农药用量平均下降 30％左右。标准化生产全面提高了芒果种植技术水平，提高了产品质量和产量，增加了农民收入。按照标准化生产管理的果园，芒果品质好。

19. 为什么农民专业合作社要设立品牌？

农民专业合作社将农户组织起来进入市场，按照市场需求安排生产，统一销售，引领农民增收致富。而拥有自身品牌的农民专业合作社则更能提高农户的获利水平，将组织的功能更有效地发挥出来。

（1）设立品牌有利于建立稳定的消费者群体。好品质、好品牌可以帮助消费者找到他们理想的产品，从而提供产品质量信息，具有强烈的识别功能。长期以来，以信任培养了消费偏好，也形成了买者重复购买、卖者重复销售的基础。

（2）实施品牌带动，品牌农产品具有较高的附加值，从而能够切实提高农户的收入。可见，实施品牌带动，品牌农产品能够稳定销量和保持销售渠道的畅通，可有效规避市场风险，提高农民收入。

（3）农民专业合作社品牌化推动了与国际市场接轨的农业标准化生产。品牌化有助于使农民专业合作社广大成员结成一个资金、技术、信息共享的利益共同体，统一生产标准，统一操作规程，统一产品质量，从而大大提高了农业标准化生产水平，有效地改善了农民在市场竞争中的弱势地位。

（4）品牌化能促进农民专业合作社资源的优化，带动区域经济的发展。一个农民专业合作社有了名牌产品，就可以优化内部资源，使资源得到充分利用，发挥最大效用。由此合作社不断成长壮大，并带动相关企业、行业的飞速发展，对城市经济、地区经济产生拉动作用。

（5）农民专业合作社品牌化有利于推动实施特色农产品形象识别战略。品牌创建的主要内容之一是持有特色农产品的商标，获取识别效应。特色农产品商标代表着特定的商品属性，体现某种价值感和文化，借助于商标，消费者可以很容易地识别某个销售者或某群销售者的产品和服务，从而把它们与竞争对手的产品区别开来。

20. 如何提升农民专业合作社品牌化？

（1）增强农产品品牌意识，树立现代农产品品牌战略观念。各级政府及农业相关部门要增大宣传投入，加大品牌宣传力度，营造创立名牌的社会氛围。要帮助和引导农民群众提高商标注册意识，可以利用召开商标座谈会、培训班等形式，广泛宣传保护商标权的重要性和紧迫性，要采取各种易于接受的方式，大力宣传利用商标发展农业的重要性，特别是运用品牌兴农的典型事例引导农民，启发农民提高拥有品牌、重视品牌、利用品牌的积极性。

（2）发展特色名品，创新农产品市场营销，提高品牌的影响力。品牌的生命力在于个性化特色。农民专业合作社应以产品定位为基础、以顾客需求为核心、以差异化为标准，选择与竞争者不同的品牌定位。另外，要强化农民专业合作社品牌营销战略，扩大产品的知名度，促进品牌产品输出。

（3）不断完善农民专业合作社品牌管理机制。要牢牢树立质量意识，以卓越的质量获得竞争优势和消费者的认同，不断累计品牌资产、提升品牌价值、丰富品牌识别特征、不断诠释品牌个性。

另外，还要塑造品牌文化，以获得社会情感和文化认同，这要求农民专业合作社在品牌建设上建立一种独特的品牌文化，来真正体现品牌个性和品牌定位。

案例

山西临猗县王万保果品种植专业合作社

——品牌兴社，合作共赢

山西省运城市临猗县王万保果品种植专业合作社位于临猗县峨嵋岭上的北辛乡卓逸村，成立于 2009 年 4 月，主要从事苹果的种植、收购、储藏和销售。现有成员 2 160 名，办公场所占地面积 120 亩，拥有 4 500 吨恒温果库一座，优质苹果示范基地 10 万亩，辐射带动周边优质苹果种植基地 16 万亩。合作社注册生产的"王万保"苹果被评为"全国百佳农产品品牌"，在全国各大农产品博览会上荣获国际金奖四连冠，国家级金奖 8 次。"王万保"苹果及图形于 2017 年被国家工商行政管理总局认定为"中国驰名商标"。2018 年，合作社被确认为全国绿色农业产业示范基地。

一、品牌兴社，"王万保"造就苹果业内的金字品牌

2009 年 6 月，合作社进行了无公害农产品产地认定与产品认证。2010 年 10 月，合作社注册了"王万保"商标，形成了上下一体的商标管理网络。一是依法建章立制。在县工商部门的指导下，按照《商标法》《广告法》《商标印制管理办法》等法律法规，制定出台了合作社《商标使用管理制度》《商标印制制度》和《商标联络员制度》等规章制度，使商标的使用管理步入了制度化规范化的轨道。二是严格执行规章制度。对合作社成员生产出来的苹果，按照标准检验检测，验收合格后，统一发放商标和包装箱，保证产品品质，严把质量关。"王万保"苹果销往全国 25 个省市的 56 个大中城市，还出口到泰国、印度、越南、俄罗斯、孟加拉等国家，取得了良好的经济效益和社会效益。

二、以质取胜，"王万保"成为果品行业的领头雁

王万保果品种植专业合作社以发展现代农业为目的，确立"诚信为本、创新为魂"的经营理念，把"产品就是人

品、质量就是生命"当作"王万保"商标的主要内涵和形象载体，以诚信求发展，以品质赢市场。一是建立食品质量管理体系，严格实行标准化生产，为消费者提供质量一流的果品。二是坚持技术创新，长期聘请各类技术专家和乡土专家指导，提高合作社成员种植技术水平。三是积极为成员提供产前、产中、产后便利服务。合作社投资300余万元兴建了功能齐全的培训中心，根据苹果生产的各个阶段，及时对成员进行技术培训。

三、特色营销，"王万保"苹果销路遍布全国

合作社与果农探索生产艺术苹果，采用先进的工艺技术，生产出"河东名胜""四大名著"等8大系列120多个品种的艺术苹果，果面上显示《河东名人》《河东名胜》《红楼梦》《三国演义》《西游记》等富有文化品位的图案。几年来，合作社共培育出1 000亩艺术苹果示范园，成员亩均收入超2.6万元，仅此一项，每年增收1 600万元。

在组织货源上，合作社采取分级收购、以质论价、优质优价的原则，以高于市场5%的价格收购；在销售果品上，合作社低于市场3%的价格销售。由于优质果是高档精品果，尤其是艺术果，利润空间更大，所以购销价格上下浮动8%并不影响效益。合作社建立了四条销售渠道：一是农超对接；二是面向批发市场；三是电商销售；四是走进社区。

四、广泛宣传，"王万保"品牌美誉名扬四方

王万保果品种植专业合作社注重商标品牌的宣传。一是利用电视台宣传"王万保"，树立品牌信誉；二是通过户外

路牌、网络、印刷品、条幅、T恤衫、年画、挂历等形式进行宣传，让消费者直接感受"王万保"品牌的风采；三是积极参加国内外农展会、农博会、洽谈会，向广大消费者展示展销，并赠送"王万保"商标画册、T恤衫、年历画、手提袋等，通过他们向全社会推介"王万保"苹果；四是在北京、太原、运城、临猗等地设立8个展示品牌窗口，重点展示合作社优质果品。2014—2016年，合作社共投入广告费322万元。

五、成效显著，"王万保"品牌效益惠及千家万户

在合作社"王万保"商标品牌的带动下，临猗县的110万亩林果产销两旺，果农与周边农户互惠双收。吸收农民工就近务工增收的同时，果农家庭经营收入也得到增加。合作社共投资160余万元，积极参与村庄治理，让村民们切切实实感受到了合作社奉献社会的强烈责任感，推进了乡村振兴的进程。

21. 农民专业合作社人员组织架构是什么？

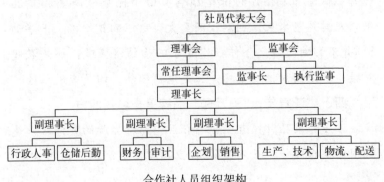

合作社人员组织架构

22. 农民专业合作社成员管理制度包括哪些?

（1）成员管理制度。主要包括成员入社管理、退社管理以及成员权利和义务的界定。

（2）社员管理制度。主要依照合作社法，明确社员的入社、权利、义务、退社等方面内容。

拟定成员管理制度时，应注意以下三点：一是合法性，二是可操作性，三是规范执行。

案例

南昌市养猪农民专业合作社成员管理制度范本

一、成员应具备的条件

符合下列条件，经理事会审查批准，即可成为本社成员：一是承认本社章程；二是饲养种猪5头及以上，商品猪10头及以上；三是缴纳股金10元以上；四是提交书面申请。

二、成员均享受本社章程规定的权利

主要包括：参加成员大会，并有表决权、选举权和被选举权；优先参加本社组织的各项活动，优先享受本社提供的各种服务，优先利用本社设施；享受本社的股金分红和按生猪交售数量进行的利润返还；有权对本社的生产经营、财务管理、收益分配等提出建议、批评和质询，并进行监督；建议召开成员大会或成员代表大会；本社规定的其他权利。

三、成员必须履行本社章程规定的义务

执行成员大会或成员代表大会、理事会的决定；

按照章程规定缴纳入社股金和会费，按照入股金额承担责任；

按照章程规定与本社进行交易；

积极参加本社活动，维护本社利益，保护本社共有财产，爱护本社设施；

按照本社的技术指导和要求组织生产经营，按照保质保量履行合同协议；

发扬互助合作精神，群力群策，共同搞好本社生产经营活动；

本社规定的其他义务。

四、养猪户入社申请

养猪户入社可以随时提出申请，理事会每季度讨论1次，对符合入社条件的吸收为成员，并发给成员证，讨论通过之日为入社时间。

五、成员退社

成员退社须在履行当年义务之后，于年终决算前3个月，以书面形式向理事长或理事会提出，经理事会批准，方可办理退会手续，并收回成员证。成员退社时，其入社股金于年终决算后2个月内退还。如本社亏损，则扣除其应当承担的亏损金额；如本社盈利，则分给其应得红利，不退会费。

六、其他

成员不履行义务或不执行章程规定的其他款项，或因成

员个人行为损害合作社形象及经济利益的，除承担相应经济责任外，根据情节轻重在成员大会上通报批评。成员有下列情形之一者，经成员大会或成员代表大会决议，取消其成员资格：不遵守本社章程及决议，不履行成员义务；从事与本社利益矛盾的活动；不按本社的技术指导和规定进行的生产经营，给本社信誉、利益带来严重危害；其他有损本社利益的行为。

23. 理事会工作制度包括哪些内容?

（1）理事会的职责。

① 执行人员代表大会决议。

② 聘任、解聘本合作社所属部门的专职、兼职负责人。

③ 负责召集召开社员代表大会，报告工作。

④ 制定本合作社发展计划和投资方案、年度分配方案，实施社员代表大会批准的各类方案。

⑤ 制定本合作社的管理制度。

⑥ 负责日常社务工作，根据需要设置必要的内部管理机构，聘请必要的经营管理人员。

⑦ 履行社员大会授予的其他职权。

（2）理事长的职责。

① 负责合作社理事会的全面工作。

② 签署聘任或者解聘本社经理。

③ 签署财务会计人员和其他专业技术人员聘书。

④ 签署本社成员入股证明。

⑤ 审批年度财务预决算和日常支出。

⑥ 代表本社签订相关合同。

⑦ 负责与政府部门沟通。

⑧ 履行社员大会授予的其他职权。

（3）理事会会议表决的规定。实行一人一票，经半数以上理事同意方可形成决议。

24. 监事会工作制度包括哪些内容？

（1）监事会的职责。

① 监督社员大会决议和本社章程的执行，监督理事会和工作人员职责履行情况，并向社员大会报告年度检察和各项决议执行的情况。

② 监督检查本社的生产经营和收支及盈余分配情况，对本社财务进行内部审计，并报告结果。

③ 召开监事会会议，会议由监事长负责召开。

④ 列席理事会会议，向理事会提出工作质询或工作改进建议。

（2）监事长的职责。

① 负责监事会的全面工作。

② 负责召开监事会会议。

③ 负责向社员大会报告相关审查审计结果。

④ 负责与理事会之间协调。

案例

渌洋湖土地股份合作社

一、社员代表大会制度

社员有权参与社员（代表）大会，并有表决权、选举权和被选举权；有权对本社的工作提出批评和建议；有权建议召开社员大会或社员代表大会；有权依照章程规定程序退社。

二、理事会工作职责

组织召开社员（代表）大会，执行社员（代表）大会决议；制定和组织生产发展业务计划并提交社员（代表）大会通过，组织实施各项工作任务；制定并执行财务等管理制度；聘任、考核和解聘主要管理人员；讨论接纳新社员和社员退社事宜。生产经营项目实行公开招标，竞争竞标，内外无别，抵押保障，法律保护，确保生产经营正常运转。

三、监事会工作职责

监督理事会对社员（代表）大会决议和章程的执行；监督检查社内生产业务经营和财务支出；列席参加香港理事会会议，向理事会提出改进工作的建议；提议召开临时社员代表大会，讨论重大检察事项。

25. 如何提升农民专业合作社服务质量?

（1）内部提升。开展宣传，增进服务双方认知；加强服务培训，提高专业技能；信息内部公开公正，提高透明度；因地制宜，促使各项服务共同发展。

（2）外部引导。尊重农户，强化服务质量；重视农村基础教育，提升学习能力；规范运行机制，监督管理并行；加大惠农扶持，深化服务。

案例

山东郯城县恒丰农机化服务农民专业合作社

——创新服务模式，助力乡村振兴

郯城县恒丰农机化服务农民专业合作社位于山东省郯城县杨集镇南湖里村，成立于 2012 年 3 月。现有成员 309 人，各类农机 91 台，配套农机具 92 台，植保机械 55 台，粮食低温干燥设备 3 台套，年机械作业面积 10 万亩，机械服务辐射延伸周边多个乡镇的 3 600 余农户，推动户均增收 5 000 元/年。

一、创新入社形式，发展多样化服务

合作社实行企业出资金、机械和技术，农户出土地、人员和机械的组织方式，形成了"企业＋农户＋基地"的生产经营模式。一是土地入股。农户以土地入股，由合作社直接经营，按 1 000 元/（亩·年）的保底收入付给农户，或者以每年每亩 225 千克稻谷＋150 千克小麦的实物收入付给农户，农户年终按每亩一股参与合作社的分红，年均每股分红 160 元。二是机械入股。对机械评估作价，按 1 000 元一股

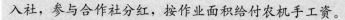

入社，参与合作社分红，按作业面积给付农机手工资。

合作社为当地全体农户提供菜单式服务。一是托管服务。由合作社提供整地、播种、施肥、浇灌、植保、收获等粮食生产全程机械化服务，农户成员向合作社缴纳托管费用490元/亩，低于其他非成员农户管理费100元/亩，合作社年托管作业面积1.6万余亩，涉及农户3 000多户。二是代育秧、机插秧服务。合作社建造育秧工厂2 100平方米，育秧基地150亩，实现机械插秧1.5万亩。比较而言，人工育插秧1.5万亩需要秧田1 000亩左右，软盘育秧机械化插秧1.5万亩只需秧田150亩左右。合作社带动周边农户机插秧近3万亩，节省秧田1 500多亩，实现了节本增效。三是烘干服务。合作社建造粮食低温干燥车间1 500平方米，解决了粮食晾晒问题。未入社的农户，在粮食生产过程中，可选择合作社为其提供关键作业环节的机械化服务，合作社按市场行情收取相应的服务费，平均每次作业费用40元/亩，合作社每年服务周边农户5 000多户，年作业面积10万亩。

二、加强技术培训，提高服务能力

合作社建有900平方米的教学办公楼一栋，是省、市、县新型职业农民培育和实训基地，已经培育新型职业农民60多人。农民田间学校配备电教培训教室120平方米，电教器材27台套。为方便新型职业农民培训，合作社有教练场地1 500平方米，用于培训的拖拉机3台、联合收割机5台、高速插秧机2台，职业资格考评员3人、教练员5人、维修技术教师7人。学员足不出社就可以实现理论培训、操作训练、田间实践等全程集中培训。合作社每年培训合作社成员、周边村队农机手、种粮大户、普通农户1500多人次。培训内容广泛,涉及测土配方、农药化肥减施增效、农药安全使用、病虫害统防统治、农机使用维修等农业生产专业技术。

三、三产融合发展,打造服务品牌

合作社注重利用托管服务所积累的资金、技术、人脉等资源,进一步向粮食加工、流通等二三产业发展,延长产业链、提升价值链,实现规模化、标准化生产,产业化、品牌化经营。一是购买安装瑞士布勒日产120吨大米加工流水线、560吨储粮桶和加工包装设备,年可加工、包装、销售粮食3万吨。合作社与托管农户签订水稻收购合同,根据水稻品质差别化定价,收购价一般比市场价高出0.2元/千克,农户亩均增收120元左右。二是注册“南湖里”大米商标,建设标准化水稻生产示范基地,改变了农户传统的耕作与田间管理模式,保证了粮食食品安全,合作社第一批有机水稻认证基地450亩。三是推广秸秆还田和捡拾打捆,年秸秆还田作业面积3万亩。合作社建有秸秆收储中心一处,购买大型捡拾打捆设备,与泉林纸业签订收购合同,年实现秸秆回收利用1.5万亩。

26. 如何进行农民专业合作社人才引进?

(1)应鼓励大中专院校毕业的学生、相关行业能手及管理技术型人才加入到专业合作社中。可着重引入农技人员、农民经纪人及有农村企业工作经验的人员。

（2）应简化人才引入手续，尽可能帮助协调编制、身份、户口、条件及档案等事宜。对于擅长管理、运营及技术，有突出贡献的人才应主动引入，且提供相应的优惠措施。

（3）可公开招聘引入外来人才，可运用不同的方式，如顾问咨询、兼职、技术合营、承诺长期就任及协助研发等方式来吸引外来人才。

（4）对于外来人才，应实施不同的人才分配形式，使人尽其才，将自身优势充分发挥出来，以此达到专业人才带领农民致富的目的。

（5）政府应构建和完善农村人才市场制度，做到农村人才市场标准化。对于欠发达地区，政府应给予一定的服务支持，建立起完善的人才资料库及人才市场，并把人才的一些基础信息如技能、专长、成绩等输入到人才库中。

（6）政府应完善人才流动制度，坚持以市场需求为导向，对农民专业合作社进行人才配置。允许农民专业合作社人才自由、有效流动，使农民专业合作社人力资本朝着市场化的方向发展。

27. 如何进行农民专业合作社人才培养？

（1）人才教育。政府要构建起全方面、多层面，包括职业教育和学历教育的合作社教育系统。要对所属区域的合作社进行统一的布局，以农业高校为中心，搭建起高层级培育人才及学历教育的合作社系统。

政府要建立统一的职业教育网络，并以此为主在合作社中进行相关的职业教育。

要扩大基础教育在农村的推行力度，对欠发达农村地区进行更多的教育资源倾斜。

（2）人才培训。农民专业合作社需在政府指引下，积极与当地高校等有关机构进行合作，组织本专业合作社内部人员进行培训。

培训内容需具有科学性。合作社需内部讨论自身人才所需的素养，明确自身人才应拥有的技术与知识，分析出目前人才状况的差距，由此明确人才培训的内容。

培训办法应运用短期培训与长期培训相结合，分层级、分种类进行培训。

培训方式可以运用课堂教学、实地技术传授、交流会、不同部门实践训练及经验分享等方法。

（3）资格认证。农民专业合作社需积极组织成员进行相关资格认证，如农业技术职业培训及鉴定等相关证书，使农民专业合作社人才的培育，不但拥有高学历、了解基本原理，且实际操作能力较强。

28. 如何进行农民专业合作社人才激励？

（1）精神激励。重视培养合作社员工的成就感和满足感，重视情感及精神上的激励，通过参与评比与内部职称晋级等形式，倡导爱岗敬业思想，对于特别有贡献的人才应表彰其事迹并颁发荣誉证书。这样不但能实现精神激励所需，且对合作社内部的其他人起到良好的模范带头作用。对人才的成绩予以表扬，以事业来团结人心，打造出良好的激励环境。

（2）政治激励。对于农民专业合作社的人才进行政治肯定，党组织对经教育培养满足条件的农民专业合作社人才，特别是某些拥有高技能的、政治素养过硬的年轻人，需及时引入，对于特别优秀的人才可吸纳进村镇干部团队，但录用过程需按合法流程进行。此外可适当提升农民专业合作社人才在政协委员、人大及党代表中的比率。

对于农民专业合作社的人才进行事业扶持，拓宽农民专业合作社生产运营范围，并给予一定的政策及资金鼓励，特别在技术、资本、信息及用地上，帮助解决其在发展过程中所遇的困难，促进农民专业合作社的事业不断扩大。

（3）物质激励。对于农民专业合作社人才进行基本收入激励，以工资来反映员工的贡献大小，鼓励员工以多贡献和钻研业务等手段来取得相应的报酬。

对于农民专业合作社人才进行奖金激励，以奖金作为农民专业合作组织对符合企业倡导精神的员工的一种奖励。

对于农民专业合作社人才进行福利激励，合作社负担员工工作之外的基本生活设施的建设，如住房设施、社会保险等。

对有创造发明、重大贡献或者在一定期间成绩突出、弥补损失的员工，除上述物质激励手段外，还可给予奖金激励。

第六章　农民专业合作社联合社

1. 什么是农民专业合作社联合社?

农民专业合作社联合社是由多个合作社联合起来的组织。

2. 联合社表决投票的规定是什么?

农民专业合作社联合社的成员大会选举和表决,一般实行一社一票。农民专业合作社联合社设置附加表决权,由农民专业合作社联合社章程规定。

3. 联合社的契约类型有哪些?

常见的农民专业合作社联合社的契约类型有:生产型联合社、营销型联合社、产业链型联合社、综合型联合社。

4. 什么是生产型农民专业合作社联合社?

生产型联合社是立足于某一类农产品生产,通过联合更多的农民合作社,迅速扩大规模,来达到减少生产成本、提高经营效益的一种生产者联盟。

5. 生产型联合社的特点是什么?

(1) 主要生产某地区的某一种名、特、优农产品。

(2) 积极吸纳生产相同产品的专业合作社加入,以尽快达到一定的生产规模,获得规模经济。

(3) 着重提高生产的标准化、机械化、现代化水平,并尝试开展初加工、直供直销等业务,向产业链上下游延伸。

(4) 需要经营实力突出、声誉较好的专业合作社牵头和政府有关部门的支持。

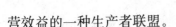案例

汇农种植业专业合作联社

江西省上高县汇农种植业专业合作联社组建于 2010 年 5 月,主要经营优质水稻种植、生产和销售。联合社以"标准化生产、规模化经营、工厂化育秧、机械化操作、现代化管理"为手段,以"确保农民增收、农业增效、发展现代农业"为目的,在政府相关部门的指导和扶持下,建立了以农资服务部、农技服务部、育秧机插队、统防统治队、联合收割队等为内容的社会化服务体系,实行"统一生产标准、统一农资供应、统一技术服务、统一品牌经营、统一产品认证"的运作模式,得到快速发展壮大。目前,联合社的服务范围已经涵盖上高县泗溪镇、锦江镇、新界埠乡、芦洲乡和

镇渡乡 5 个乡镇，下属 28 个分社，共有成员代表 31 名，入社社员 2 719 户，直接入社面积 9 500 多亩，入社总股金 140 万元；辐射带动农户 4 500 多户，辐射带动面积 30 000 多亩。

联合社在农田基础设施和社员技术培训上还进行了大力投资：一是投入资金 4 000 万元，联合社下属 28 个分社的 3 万亩农田全部进行了高标准农田改造，建成了集中连片、设施配套、高产稳产、生态良好、抗灾能力强、与现代农业生产和经营方式相适应的基本农田，为联合社开展社会化服务体系工作奠定了扎实的基础，实现了水稻种植全程机械化操作，为联合社发展现代农业提供了有力的支撑。二是聘请了上高县农业局 4 名农技专家为合作社常年客座专家，在水稻浸种消毒、移栽送嫁和破口抽穗三个关键时期，深入分社进行技术培训和田间指导，培训社员 1 500 人次。通过专用资产投资，联合社内部形成了较为紧密的利益联结机制，通过规模化、一体化、机械化运营，实行种植区机耕、机插、机防、机收全程机械化操作管理，有效地实现了联合社的规模效应。目前，合作社全年 6 万亩双季稻每亩平均增产 75 千克，共为社员创收 1 170 万元。

6. 什么是营销型农民专业合作社联合社？

营销型农民专业合作社联合社的主要经营领域为农产品产后流通及销售。它是指通过联合不同种类的农民专业合作社来增加产品的多样性，实现供给稳定和销售盈利的一种产加销同盟。此类联合社是种植蔬菜、水果专业合作社组建联合社的主要方式，也是当前联合社发展的主要类型。

7. 销售型联合社的特点是什么？

（1）主要从事蔬菜、水果和其他农产品生产、初加工和销售，靠近终端消费市场。

（2）大力发挥核心成员社的带动作用，与其他合作社开展深度、广度不同的业务协调。

（3）积极通过"农社对接"等方式稳固销售渠道，努力把成员合作社的产品以更少环节、更优的价格销售出去。

（4）注重培育联合品牌，将成员合作社的农产品细分并进行差异化营销。

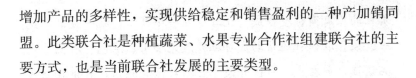
案例

九宫绿园种养殖农民专业合作社联合社

湖北通城县九宫绿园种养殖农民专业合作社联合社成立于2011年12月，由当地10家合作社共同发起成立，办公地点设在咸宁市通山县城。

在联合社成立之前，10家成员合作社的农产品覆盖全县13个乡镇，涉及猪、兔、茶叶、蔬菜、药材等10多个品种，但每个合作社都面临产品销售难题。2012年底，合作社抱团成立了九宫绿园种养殖农民专业合作社联合社，将成员社的原有商标整合成"九宫绿"一个商标,统一设计,统一包装。联合社还帮助成员社开展无公害、绿色、有机等产品认证,并在武汉市区开设了2家社区直销店,直供直销各个专业合作社的产品,解决了单个合作社有特色无竞争力、有基地无规模、有品牌无市场占有量、有亮点无辐射带动能力等问题,大大提高了经营效益。此外,联合社还在百度建立了网站开展产品推广,为社员提供市场、技术和信息服务。通过网络营销,与武汉粗茶淡饭餐饮有限公司、武汉大市场达成供货协议。通过注册开通门户网站,实现产品推广、社员内部活动、相关政策宣传以及交流联系等。

8. 什么是产业链型农民专业合作社联合社?

产业链型农民专业合作社联合社也叫一体化联合社,是以农业企业牵头的农民专业合作社为核心,以产业链协作为手段,以提高链条整体的市场响应能力和盈利水平为目的的纵向一体化联合。

9. 产业链型联合社的特点是什么?

(1)生产技术、管理方法、销售渠道等依托农业企业,企业牵头成立的专业合作社是组织核心。

(2)企业一般是农资生产商或农产品加工销售商,需要通过产业链的上下游延伸来稳定农资销售或原料收购。

（3）产业链整体协作紧密，企业一般会派出专人协助生产运营，并提供原料技术、销售等服务。

案例

河北省灵寿县青同镇农民专业合作社联合社

河北省灵寿县青同镇农民专业合作社联合社是由供销社推动成立的联合社。2011 年，在政府相关部门的指导下，按照"政府主导、供销社主板、农民主体、专业社自愿"的原则和"四位一体"的组建模式，由县供销社牵头成立了灵寿县青同镇农民专业合作社联合社。联合社现有社员 446 名，其中包括农民专业合作社成员 25 家，龙头企业成员 6 家，村"两委"干部成员 5 人。

联合社成立时，资产总计 400 万元，其中 20% 来自村"两委"干部等社会能人，50% 来自青同镇本地的 6 个龙头企业，10% 来自上级县供销社，20% 来自各个专业合作社。这样的产权构成和组织结构形成了由供销社指导，村"两委"干部参与，依托联合社联系广大专业合作社及农户，企业提供资金和销售服务的综合型供销组织。这种联合形态比一般的合作社之间的联合更具有组织优势：一方面，政府部门的参与，增强了联合社的公信力，提高了联合社市场谈判的自信度；另一方面，龙头企业与合作社共同构筑联合社，节约了农户与企业的交易费用，也内化了合作社与企业的合作风险。

在联合社运行过程中，一个重要的作用就是将产业链上各生产经营主体联合起来，实现了循环经济产业链条。

首先，联合社借助村"两委"干部的组织资源开展土地流转，很快就集中了 1 000 亩土地资源开展高效农业示范基地建设。其中，莲藕特色蔬菜示范园 100 亩，蛋白桑等特色牧草 150 亩，金叶榆树、金枝槐等特色绿化苗圃 230 亩，薄皮核桃、四季果桑、中华寿桃等林果及林下柴鸡示范园 340 亩，鱼塘 150 亩，形成了农业良种繁育、绿色果蔬采摘、生态养殖、科技示范、休闲养生的农业观光示范园。

其次，联合社协调下邵村的 5 个养殖合作社和一个养殖企业开展了养殖废料再利用试点，试点资金由供销社提供。合作社和企业产生的养殖粪便全部通过联合社的沼气工厂进行处理。养殖排泄物通过加工设备分离为沼气和沼渣液：沼气收集后通过管道输出至 5 个合作社和养殖企业，解决 5 个合作社和养殖企业的发电、取暖问题；对于沼渣液，则通过一系列技术进一步分离为沼液和沼渣，沼液用于生产有机农药，沼渣用于生产有机肥料。这些有机农药和有机肥料直接用于农业示范基地的种植生产。

最后，联合社结合循环农业思路，引进了旱地节水沼液种植莲藕的新技术，示范推广旱地莲藕种植，促进全镇特色农业的发展。示范种植莲藕 100 亩，亩产莲藕 3 000 千克，亩效益达万元，弥补了灵寿县生产水生蔬菜的空白，受益农户 570 户；示范推广蛋白桑种植，促进全镇生态健康养殖的发展。示范种植蛋白桑 150 亩，分别在猪、牛、羊、鸡养殖场进行饲喂试验，在节约粮食、代替抗生素、疫病防治、改善肉蛋奶品质等方面取得了良好的效果。

通过上述努力，联合社最终形成了"养殖—能源—废料—种植—加工"五环产业相结合的互补性生态农牧循环经济。

10. 什么是综合型农民专业合作社联合社？

综合型联合社是以生产生活社会化服务为纽带，以增强社区成员联系、提高区域经济活力为目标，通过资源整合而实现的一种区域性联合。与前面 3 种类型联合社相比，综合型联合社既具有经济功能，也具有社会功能。

11. 综合型联合社的特点是什么？

（1）植根于传统农村社区，成员分布的地域性很强，多以县、乡（镇）为边界。

（2）成员以本地区的各类合作社为主，并广泛吸纳农户、农业企业等加入。

（3）服务内容和形式灵活多样，经营范围会根据自身需要、社区需求和市场情况不断拓展。

📚**案例**

山西永济蒲韩乡村社区

山西永济蒲韩乡村社区是以永济市蒲州镇蒲韩农民协会

为组织载体，跨越永济市蒲州镇和韩阳镇两大镇级行政区，融科技服务、文化娱乐、学习讨论、企业运营、公益事业为一体的"综合性乡村社区"治理模式。

蒲韩农民协会是综合社区性合作组织，而不是专业经济合作组织。与一般的农民专业合作组织不同，蒲韩农民协会是一种综合型的发展模式。永济蒲韩乡村社区由农资店百货连锁超市、青年有机农场、有机农业联合社、城乡互动中心、红娘手工艺合作社等几个板块组成，这几个板块各自都有独特的运作方式，但是它们与社区又有着千丝万缕的联系。

（1）农资店百货连锁超市。农资店百货连锁超市是一个独立核算的单位，每个农资店百货连锁超市只需将所有利润的30％左右上缴给蒲韩乡村社区，其余的利润可用于农资店百货连锁超市自己的开支，包括人员工资、税金、分红、公益金等。

（2）青年有机农场。青年有机农场承包的土地，一部分由年轻的工作人员一人一亩地承包，这部分土地的收益全部归青年人所有；还有一部分土地是由青年农场固定的工作人员耕种，这部分土地的收益全部上缴到蒲韩乡村社区，不再进行利润返还。

（3）有机农业联合社。同青年农场一样，有机农业联合社将所得的利润全部上缴到蒲韩乡村社区，由社区整体调配资金，再对利润进行返还。

（4）城乡互动中心。该中心也不是一个独立核算的单

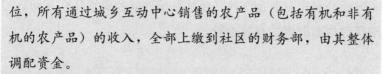

位，所有通过城乡互动中心销售的农产品（包括有机和非有机的农产品）的收入，全部上缴到社区的财务部，由其整体调配资金。

（5）红娘手工艺合作社。由社区的财务室单独建账核算，将收入全部上缴给蒲韩乡村社区，再由社区统一调配资金之后进行利润返还。然后，合作社再将社区返还的利润按照成员生产的手工艺品的质量和数量对成员进行利润返还。

12. 农民专业合作社联合社的财产来源是什么?

我国农民专业合作社联合社的财产来源包括：成员合作社的出资、公积金、国家财政直接补助、他人捐款以及合法取得的其他资助等部分。

13. 联合社成立的必然性是什么?

（1）农民合作社联合社是农民合作社自我发展壮大、有效应对市场竞争的现实选择。

（2）农民专业合作社联合社是构建新型农业经营体系，提高农民组织化程度的内在要求。

（3）农民专业合作社联合社是培育壮大农民主导产业，推进现代农业的有利举措。

（4）农民专业合作社联合社是增强行业自律、维护市场秩序的重要手段。

（5）农民专业合作社联合社是推进城乡要素良性互动、实现资源均衡配置的有效途径。

14. 农民专业合作社联合社的登记注册条件有哪些?

（1）农民专业合作社联合社的登记事项应当符合《登记管理条例》的规定。农民专业合作社联合社应当召开由全体设立人参加的设立大会。设立大会依据《农民专业合作社法》的规定行使职权。

（2）工商行政管理部门负责农民专业合作社联合社的登记管理工作。

（3）农民专业合作社联合社的名称应当含有"专业合作社联合社"并符合名称登记管理规定。

（4）农民专业合作社联合社成员的出资方式应当符合《登记管理条例》的规定，成员出资额之和为成员出资总额。

（5）农民专业合作社联合社的业务范围应当符合《农民专业合作社法》和《登记管理条例》的规定，并由其章程规定。

（6）农民专业合作社联合社的理事长为农民专业合作社联合社的法定代表人。

（7）农民专业合作社联合社的设立、变更、注销，应当依照《农民专业合作社法》《登记管理条例》的规定办理登记。

（8）申请设立农民专业合作社联合社，应当依照《农民专业合作社法》《登记管理条例》的规定向登记机关提交有关文件。

15. 农民专业合作社联合社的运行内容有哪些?

农民专业合作社联合社的业务开展是联合社运行的核心内容。目前,我国开展较好的农民专业合作社联合社都是围绕农业产业来运行的,从业务内容所处产业的环节划分,可以将联合社的运行内容分为产前、产中和产后三个部分。

产前包括:农资统一采购、产品资源要素整合、资金互助业务。

产中包括:产品质量维护、技术指导培训。

产后包括:认证品牌建设、产品统一销售、市场价格维护。

16. 农民专业合作社联合社有什么优势?

联合社可以解决单一合作社发展规模小、经营实力弱、市场竞争力有限等问题。

(1)联合社在农业生产资料的购买和农产品的销售上,可以更好实现大规模购销,节约交易成本和费用,争得交易价格上的优惠,争取对外谈判的主动,让社员获得更多的经济实惠,其经营规模和效益是一般的农民专业合作社难以企及的。

(2)联合社克服了合作社难以适应大市场的矛盾,在一些地区和一些产业携手联合,实现二次合作,有效避免恶性竞争。

(3)联合社可以解决单个合作社因势单力薄难解决的问

题，满足社员对服务的多样化需求。如扩大农产品销售，实现产品直销功能；兴办农产品加工项目，实现加工增值功能；开展信用合作，实现资金互助功能等。

17. 为何要通过成立联合社实现规模经济？

尽管我国农民专业合作社实现了农民"抱团"发展，但由于我国的农民专业合作社还处于发展的初级阶段，"小""散""虚"的现象短期内还难以实现质的突破，单个合作社生产经营规模较小，市场谈判地位还很低，难以实现与其他类型市场经济主体之间的平等、有效竞争，在产品交易中无法获取更多的利润。通过一定的契约关系，合作社实现联合与合作能够使合作社变"大"、聚"力"、做"实"，可以迅速扩大生产经营规模，建立起与农业企业谈判的基础，从而能在生产资料、服务与产品等方面获取更多的利润，实现单个合作社无法达到的规模经济。

案例

提升农户采销议价能力，超级合作社探路集约农业

——69 家合作社"组团"出道

2016 年 1 月，尚志市尚稻香粮食种植专业合作社联社正式成立。该合作社联合社跨村整合农业生产资源，把原来各村小规模的农业合作社整合到一个大的"超级合作社"

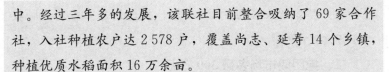

中。经过三年多的发展，该联社目前整合吸纳了 69 家合作社，入社种植农户达 2 578 户，覆盖尚志、延寿 14 个乡镇，种植优质水稻面积 16 万余亩。

加入联合社的成员合作社本着入社自愿、退社自由、利益共享、风险共担的原则，形成了农业资源高效集聚的联合体。合作联社绝不是简单意义上的合作社叠加，而是充分发挥规模优势，为农民提供从购买农资到生产到加工再到销售的全产业链服务，形成 1＋1＞2 的效应。

一、节本变利润每户增收万元

尚稻香粮食合作社联社把各个单体合作社的农业资源整合，形成合力，实施农资采购配送统一、种植模式统一、技术指导统一、收割销售统一。所有这些"统一"，就是通过规模经营提高效益、降低成本。

以农资为例。联合社作为大型采购商，拥有与各大农资企业议价的能力。社员可以直接以最低的价格从厂家买种子化肥，去掉中间商赚的差价，每亩地可降低农资成本 15%。16 万亩土地单就农资这一项，就能节省成本约 480 万元。

在生产环节，规模成本效应更加凸显。与原来十几户、几十户农民组成的单独社相比，联合社统一对接涉农服务机构，议价能力更强了。从雇飞机航化作业，到雇农机收割，尚稻香粮食合作社联社成员每亩地比原来节省成本超过 40 元。

规模化经营带来的成本革命为农民增收提供了新途径。根据测算，2017 年，联社粮食总产量达 8 万吨，全社 2 578

户种植户整体增收接近 2 925 万元，折合到每户平均增收接近 1 万元。

二、抱团闯市场多赚 300 万元

在产品销售上，农民通过联合社抱团闯市场更容易实现增收。目前，该联社水稻 80% 以原粮销售为主，通过与五常、尚志多家大型米业公司签订原粮销售合同，2017 年，联社产的绿色水稻很快销售一空。由联社统一对接市场，每千克原粮能多卖 0.10 元，全年联社共销售原粮 3 万余吨，比农民单独闯市场能多赚 300 万元。

三、探索规模化的科教兴农路径

传统的农民合作社社员大都是普通农民，社员在种植过程中对科技应用意识普遍偏低，这严重制约了合作社的发展速度。针对这样的情况，尚稻香联社与市农科院签订了合作共建协议，由市农科院免费为联社培训，让普通农民走上会种田、懂经营的新型职业农民路子。目前有四期共 500 名社员接受了农科院的培训，100 多人取得中级农艺师证书，170 多人取得农村经纪人证书。

18. 联合社如何分散单个合作社的风险？

联合社将各种类型的合作社统一到同一个制度框架下，在实现优势互补的同时，还能够降低单个合作社在面临生产资料市场、技术市场、农产品销售市场、金融市场时的不确定性，使其避免处于弱势地位。比如，单个合作社无法实现在正规金融机构的贷款，在若干个合作社组成联合社后，则能够在联合社内部进行信用合作，或是互相担保，从而实现了风险共担，达到了分散风险的目的。

19. 农民专业合作社联合社如何节约外部交易成本?

交易成本是指在一定的社会关系中，人们自愿交往、彼此合作达成交易所支付的成本。联合社的出现，是将合作社与其他利益主体之间的交易成本内部化。例如，有的联合社通过纵向一体化的方式将产品上下游之间的各合作社组织起来，形成利益共同体，能够有效地降低合作社与合作社之间的交易成本。还有的联合社在成员社之间开展资金互助合作业务，利用农村社区"熟人社会"的优势，结合合作社自身的产业（作为抵押或担保），降低了借贷方信息不透明程度，减少了与正规金融机构打交道的交易成本，有效地缓解了农村抵押物不足带来的融资难问题。

参 考 文 献

解读什么是"农民专业合作社联合社"［EB/OL］. http：//www. srcoop. gov. cn. 农合网 . 2019. 9. 17 访问 .

李娟娟，2019. 河南省林州市农民专业合作社发展探究［D］. 信阳：信阳师范学院 .

李庆元，赵慧霞，钟柏生，2014. 农民专业合作社［M］. 北京：中国农业科学技术出版社 .

李瑞芬，2018. 农民专业合作社你问我答［M］. 北京：中国科学技术出版社 .

李旭，2018. 农民专业合作社成长与运行机理研究［M］. 北京：经济管理出版社 .

刘洁，2017. 农民专业合作社的制度优化与绩效提升［M］. 北京：社会科学文献出版社 .

娄锋，2017. 农民专业合作社运作指南［D］. 昆明：云南大学 .

农民专业合作社的 4 大经营模式［EB/OL］. https：//www. tuliu. com/read - 65624. html. 农合论坛官网，2019. 9. 11 访问 .

农民专业合作社的现状及发展［EB/OL］. www. dzwww. com. 2019. 9. 17 访问 .

太湖县富农农产品农民专业合作社　认识发展农民专业合作社的重要意义［EB/OL］. 安徽农民专业合作社网，http：//www. doc88. com/p - 396369502891. html. 2019. 9. 11 访问 .

谭智心，2017. 联合的逻辑：农民合作社联合社运行机制研究［M］. 北京：人民日报出版社 .

杨超，祁小军，任永霞，2016.农民专业合作社建设与管理 ［M］.北京：中国农业科学技术出版社.

杨洁，2019.我国农民专业合作社社员权及其保障初探 ［D］.杭州：浙江大学.

于占海，李世武，2016.合作共赢：农民专业合作社 ［M］.北京：中国民主法治出版社.

袁宏伟，2019.农民专业合作社融资的影响因素研究 ［D］.合肥：安徽财经大学.

张广花，2017.合作社实务 ［M］.杭州：浙江工商大学出版社.

郑文堂，高建伟，黄雷，2015.农民专业合作社理论创新与实践探索 ［M］.北京：中国农业出版社.

中国农民合作社网 ［EB/OL］.http://www.zgnmhzs.cn/.

图书在版编目（CIP）数据

农民专业合作社知识问答 / 黄映晖，吴欣玥，刘洋编 . —北京：中国农业出版社，2019.12（2020.12 重印）
ISBN 978 - 7 - 109 - 26426 - 7

Ⅰ.①农… Ⅱ.①黄… ②吴… ③刘… Ⅲ.①农业合作社-专业合作社-中国-问题解答 Ⅳ.①F321.42 - 44

中国版本图书馆 CIP 数据核字（2020）第 002114 号

中国农业出版社出版
地址：北京市朝阳区麦子店街 18 号楼
邮编：100125
责任编辑：姚　红
版式设计：史鑫宇　责任校对：周丽芳
印刷：北京通州皇家印刷厂
版次：2019 年 12 月第 1 版
印次：2020 年 12 月北京第 7 次印刷
发行：新华书店北京发行所
开本：880mm×1230mm　1/32
印张：3.75
字数：72 千字
定价：20.00 元

版权所有·侵权必究
凡购买本社图书，如有印装质量问题，我社负责调换。
服务电话：010 - 59195115　010 - 59194918

苹果病虫害
绿色防控彩色图谱

曹克强　王树桐　王勤英　著

中国农业出版社

前　言

　　苹果种植在我国已有悠久的历史，近年来，随着农业产业结构的调整，苹果在我国得到快速发展，至2014年，我国苹果的种植面积已达3 400余万亩*，产量已达4 000余万吨，种植面积和总产量均占世界的50%以上，是世界苹果生产第一大国。

　　苹果病虫害是威胁苹果产业健康发展的制约性因素，发生在苹果上的病虫害有100余种，真正造成严重危害的有十余种。本书以突出实用为特点，上篇介绍了苹果17种病害和21种害虫，内容包括症状、为害特点、发生规律及防控技术等，撰写中力求精练，便于读者阅读。要做好病虫害的防治，正确地识别病虫种类是关键，因此本书还选择了一些典型图片供读者参考。下篇介绍由多年研究和实践经验总结而成的苹果园病虫害绿色防控技术，希望在各项防控措施协同应用，提高我国苹果园绿色防控水平方面为读者提供一些借鉴。

---

　　*　亩为非法定计量单位，15亩＝1公顷。全书同。

本书的出版获得了公益性行业科研专项"果树腐烂病防控技术研究与示范(201203034)"、国家重点研发计划"苹果化肥农药减施增效技术集成研究与示范(2016YFD0201100)"、国家苹果产业技术体系（CARS—28）和河北省自然科学基金（C2016204140）的资助。受编写人员业务水平所限，书中难免有不足之处，敬请读者批评指正。

著　者

2017年8月

目　录

下篇　苹果病虫害绿色防控技术